股票市场压力测试

风险传导与测度

王绍辉　　马遥——主编

中国言实出版社

图书在版编目（CIP）数据

股票市场压力测试：风险传导与测度 / 王绍辉，马遥
主编 . -- 北京：中国言实出版社，2023.8
ISBN 978-7-5171-4494-6

Ⅰ.①股… Ⅱ.①王… ②马… Ⅲ.①股票市场—风
险分析 Ⅳ.① F830.91

中国国家版本馆 CIP 数据核字（2023）第 103981 号

股票市场压力测试：风险传导与测度

责任编辑：曹庆臻
责任校对：王建玲

出版发行：中国言实出版社
　　　　　　地　　址：北京市朝阳区北苑路 180 号加利大厦 5 号楼 105 室
　　　　　　邮　　编：100101
　　　　　　编辑部：北京市海淀区花园路 6 号院 B 座 6 层
　　　　　　邮　　编：100088
　　　　　　电　　话：010-64924853（总编室）　 010-64924716（发行部）
　　　　　　网　　址：www.zgyscbs.cn　电子邮箱：zgyscbs@263.net

经　　销：新华书店
印　　刷：北京虎彩文化传播有限公司
版　　次：2023 年 8 月第 1 版　　2023 年 8 月第 1 次印刷
规　　格：710 毫米 ×1000 毫米　　1/16　　15.25 印张
字　　数：170 千字

定　　价：68.00 元
书　　号：ISBN 978-7-5171-4494-6

推 荐 序

上海财经大学校长　刘元春

　　市场与风险的共生性。市场的基本功能是汇集交易双方、汇聚流动性，在一定的规则和机制下实现价格发现、资源配置、优胜劣汰。但市场也是产生风险、管理风险、处置风险的场所，特别是股票市场，在为上市公司、各类投资者提供服务的同时，也会由于上市公司质量下降、杠杆率过度上升、财政货币政策调整、外围市场波动、国际经贸环境恶化等带来个股波动以及市场出现交易风险、流动性风险等。可以说，股票市场本身也是风险市场。

　　共同而巨大的风险敞口。由于各类投资者包括银行、保险和类金融机构等很多交易活动都落脚在股市、债市和衍生品市场，大量资金在市场里交易流动，因而面临共同的巨大的风险敞口，资本市场的风险会外溢、传导。而且，各种复杂的交易工具、交易模式不断涌现，使得资本市场风险向外传导的链条越来越隐蔽，风险外溢速度也越来越快。

　　牵一发而动全身的特殊作用。2018年12月召开的中央经济工作会议明确指出，"资本市场在金融运行中具有牵一发而动全身的作用"。这既是对资本市场特殊作用的形象概括，也是对资本市场自身风险、外溢风险的高度关注。必须充分认识资本市场风险，通过穿透式分析掌握风险底数、摸清传导路径，必要时才能采取有效措施，及时切断风险传导链条，坚决防止发生系统性风险。

对市场开展压力测试是创新性的、有益的探索。要守住风险底线，对股票市场开展压力测试是一种非常好的设想。压力测试作为一种分析风险的技术工具，之前主要针对商业银行等金融机构，对市场开展压力测试具有创新性。而且，通过压力测试识别市场风险、储备防风险举措，在宏观审慎监管与微观审慎监管之间，构建起一个基于市场的、中观层面的风险识别和监测体系。但这项开创性的工作难度很大，既需要掌握压力测试的方法，又需要对市场有深度理解；既需要熟练运用各种计量分析工具，又需要积累处理大量数据。本书作者具备很好的理论素养和探索精神，创造性地将压力测试引入股票市场，并实际开展了多年的、连续的股市压力测试实践，不断完善技术方法，从多变量、多因素、多情景股票市场综合性压力测试出发，沿着股市内部承压、风险逐步扩散传导的逻辑层面顺序展开，系统梳理风险交叉性传染的路径和方式，为进一步未雨绸缪、储备好防风险工具箱打下基础，也为更深入的股市理论研究奠定基础。

推荐此书，相信读者一定能有不少收获。

2023 年 6 月

前　言

一、与压力测试的初次相识

金融的灵魂是"三信"，即信用、信贷、信心。信心是易逝品，当它开始蒸发就会迅速消失，而且很难找回。2008年9月，国际金融危机集中爆发，不仅迅速摧毁了美元信用和信贷，更使美国投资者和民众丧失了对金融体系和美国政府的信心。美国经济最困难的时候，大约有15万亿美元的居民财富灰飞烟灭，近900万人失业，500万房主失去家园。这些数字的背后，是美国民众所遭受的真实的痛苦。尽管美国政府在2008年10月紧急实施了7000亿美元的不良资产救助计划（TARP）以及其他紧急救助措施，但弥补潜在金融系统损失的资本远远不足。

到2009年初，随着越来越多的银行陷入破产、金融产品被清盘，巨大的不确定性一直使人们陷入了极度恐慌之中。而且美国政府还面临5枚"金融炸弹"需要拆除，这就是房利美、房地美、美国国际集团、花旗银行和美洲银行5家超大型金融机构，它们都要比已经倒闭的雷曼大得多。然而，美国政府对金融系统的大规模救助，引起了美国民众的极度反感，普遍对银行业"大而不能倒"十分愤慨，认为政府救助是牺牲了"布衣街"的利益而去保护"华尔街"。但"华尔街"则认为，政府的救助还远远不到位，认为美国政府特别是新上任的总统奥巴马是一个仇视富人的激进社会主义者。面对金融危机的巨大冲击，面对民众的恐慌，面对救助所引发的复杂政治和社会问题，政府该如何行动以避免美国经济滑向深渊呢？

2009年2月10日，刚刚履新的美国财政部部长盖特纳在第一次记者会上，既没有宣布将大型银行国有化，也没有打算任由银行破产，而是提出了一个名为"压力测试"的设想，即监管机构将研究大型金融机构的财务报表，区分哪些机构需要救助、测算需要多少资本来渡过危机。这不像是一个救助举措，而更像是一个分析框架。美国银行家、民众对此不知所以，当天股市下跌近5%，金融股下跌了11%！有分析评论说，"盖特纳真是一个灾难"。

压力测试的首要目标是减少不确定性。随着压力测试的程序和结果逐渐公布出来，投资者发现大部分商业银行并不持有有毒资产，也不需要大规模救助，这样就把少数需要救助的金融机构筛选出来，而且初步确定了在极端情况下需要救助的金额。这样一来，不确定性减少了，恐慌开始逐渐消退，私人资本缓慢进入一些金融机构中。10家主要需要融资的机构在没有政府额外帮助的情况下，通过普通股募集了660亿美元，仅留下一个90亿美元的缺口，股市的恐慌指数也逐渐下降，整个金融系统慢慢稳定下来。直到这时，压力测试才被人们认可和熟知。

对于一直从事统计核算研究与宏观经济分析的我来说，那是第一次听到"压力测试"这一术语。当时，我正利用业余时间努力当一个"记录员"，把美国次贷危机、国际金融危机爆发以来每天发生的国内外大事系统记录下来，并最终编辑成《国际金融危机大事记：从陷入深渊到曲折复苏》一书。虽然天天跟踪、日记月载，花费了大量时间，但我觉得这场百年一遇的大危机，必将对各国经济金融乃至全球经济治理和世界政治格局产生深远影响，必将载入人类发展的史册。2009年2月10日，盖特纳在记者会上宣布"压力测试"时，远在万里之外的我也记录了当时的情况。

当把历史镜头拉得再远一些、再高一些时就会发现，如果说压力测试缓解人们对金融危机的恐慌，而反过来，这场金融危机也是对美国民众、美国金融体系乃至美国政治制度的一次压力测试。特别是危机把人们对"美国金融市场是最成熟的市场、监管制度最健全、法律体系最完善"的神话打得粉碎。在经过财富被瞬间蒸发而民怨沸腾、金融市场处于崩溃边缘而反思金融贪婪、重压之下美国政治舞台上出现哗众取宠、党同伐异之后，美国采取大规模非常规的刺激政策，逐渐改革体制、终结危机，抗住了这次压力测试，并依托美元的霸主地位、强大的科技和军事实力，在发达经济体中率先实现复苏，还开启了2010—2019年史上最长的经济增长周期。

由此联想到当前，我国发展进入战略机遇与风险挑战并存、不确定难预料因素增多的时期，各种"黑天鹅""灰犀牛"事件随时可能发生。而从另一个角度讲，这也是对我国经济发展、改革创新的压力测试。如果我们能完整、准确、全面贯彻新发展理念，就一定能抗住这些压力，就一定能够构建新发展格局、实现高质量发展！

二、在资本市场开展科学严谨的压力测试十分必要

从美国财政部在应对国际金融危机中实施的压力测试可以看出，压力测试可以帮助监管机构和市场投资者掌握极端情况下金融机构的风险敞口，分析金融机构风险承受能力，从而迅速识别风险、采取措施，防止流动性快速枯竭，遏制风险进一步恶化甚至市场崩溃。

可见，压力测试具有识别机构风险、稳定市场信心的作用。

在国际经济贸易环境扑朔迷离、国内经济高质量发展还有许多卡点瓶颈、科技创新竞争日益激烈的背景下，我国资本市场平稳运行面临较大的不确定性和较多的风险点。资本市场是经济高质量发展的晴雨表，但现阶段经济内生动力还不强，仍面临需求不足、供给冲击、预期不稳三重压力，推动高质量发展仍需要克服不少困难挑战；在交叉性跨市场工具广泛运行、开放步伐加快而使境内外市场联系日益紧密的今天，这些困难挑战将会在资本市场上快速显现出来，进而使资本市场成为各类风险的交汇点。而作为资本市场重要组成部分的股票市场，更是在叠加投资者情绪面的影响后，容易出现过度反应并导致短时间的大幅波动。而且，由于银行、保险和类金融机构等很多活动也都落脚在股市、债市和衍生品市场，资本市场的风险会外溢，会向这些金融机构反向传导。特别是股票质押、债券违约等信用风险传染共振，"伪私募"、场外配资、过度加杠杆等乱象时有发生，资本市场风险向外传导的链条越来越隐蔽，风险外溢速度也很快。2018年12月召开的中央经济工作会议明确指出，"资本市场在金融运行中具有牵一发而动全身的作用"。这种"牵一发而动全身的作用"，既强调了资本市场的特殊性，又表明对资本市场风险和传导外溢的关注。这种风险的传导与外溢，必将对其他市场、机构、产品产生冲击，并通过股市风险向其他领域传播，降低我国经济发展的稳定性，扰乱正常的经济金融秩序。

党的二十大报告明确指出，"确保粮食、能源、产业链供应链可靠安全和防范金融风险还须解决许多重大问题"，"加强和完善现代金融监管，强化金融稳定保障体系，依法将各类金融活动全部纳入监管，守住不发生系统性风险底线"。2023年4月28日，中共中央政治局召开会议分析研究当前经济形势和经济工作时指出，要有效防范化解重点领域风险，统筹做好中小银行、保险和信托机构改革化险工作；要加强地方政府债务管理，严控新增隐性债务。正是由于对金融风险的高度重视、系统监管，对风险底数认真测算摸排，并且见事早行动快，及时切断风险传导路径，我国从来没有发生过系统性金融危机。

毋庸置疑，防范股市风险及其带来的冲击，不仅具有重要的经济意义，还具有重要的政治意义。那么，面对国际经济贸易环境迅速变化、国内经济恢复性好转面临新的阻力、上市公司业绩可持续性压力加大，股票市场会承受多大压力呢？股市受压后的波动甚至风险又是通过什么渠道、以多大的力度向其他市场或主体传导的呢？这些成为需要首先解决的问题。

压力测试作为一种分析风险的技术工具，虽然对象是金融机构，但科学严谨、细致完备的压力测试可帮助市场找回宝贵的信心。鉴于我国股市具有牵一发而动全身的特殊作用，是各类风险的汇集点且容易向外传导，所以十分有必要把压力测试引入我国股票市场，直接开展股市压力测试，评估股票市场大幅波动带来的影响，并基于此掌握风险底数，并做好关于稳定市场的政策和工具储备。

三、股票市场压力测试的初步尝试

在 2009 年 2 月首次接触压力测试后，我也逐步学习了一些压力测试知识，主要接触的是《巴塞尔协议Ⅲ》下对系统重要性银行的压力测试。2007 年全国金融工作会议召开后，中国人民银行积极推动压力测试在金融风险监测和评估等领域的应用，商业银行压力测试体系逐步建立，压力测试结果也开始应用到风险管理和决策中。2009年8月，我国正式启动金融部门评估规划（FSAP），中国人民银行、中国银监会联合成立压力测试工作小组，组织开展中国FSAP压力测试工作。2011年底，中国人民银行成立金融稳定压力测试小组，从2012年起每年组织主要商业银行开展一次金融稳定压力测试，测试结果发布在中国金融稳定报告中。2016年9月，中国证监会发布《关于开展证券基金经营机构常态化风险压力测试工作的通知》，要求每半年实施一次证券基金行业统一情景压力测试；证监会下属会管单位也相继开展相关的压力测试实践。上述压力测试工作积累了丰富的实践经验，测试的方法和流程越来越科学，但主要是围绕商业银行和证券公司进行的，对股票市场的压力测试仍然没有机构没有专家尝试过，在这方面进行研究具有开创性。

在2015年末2016年初，马遥、刘鉴等几位同事进行了股票市场压力测试的初步尝试。当时，随着股指快速下行，融资融券、股票质押、结构化资管产品等各类杠杆资金风险敞口大幅增加，担保比例低于平仓线的规模快速增长，面临很大的平仓压力。鉴于此，需要首先识别潜在风险敞口，并通过系统性的方式识别可能发生的损失大小。马遥等通过设置股指下跌10%、20%、30%三种压力情境下，测算了各类杠杆资金可能被平仓的规模，以及由此给券商和银行带来的可能损失。尽管初次的尝试在压力情景设计上略显主观，在压力传导路径分析上考虑的变量和因素还不足，但也积累了一定的经验。

在随后的几次压力测试实践中，我们发现，股票市场压力测试与针对银行和券商的常见压力测试有不少相似之处，如都遵循宏观审慎与微观审慎相结合、定量与定性并重、长期趋势和短期变化兼顾、综合考虑成本与效果等原则；压力情景设计上都采取历史情景法、专家情景法、模型法及混合方法等。但是，在测试对象、压力因素、压力传导机制方面，存在较为明显的差异。具体包括如下几点：

测试对象和目的不同。在通常的压力测试中，测试的对象一般是金融机构，测试的目的是评估金融机构的稳健性，包括盈利能力和整体抗风险能力，并为金融机构的资本规划和业务规划提供参考，服务于金融机构内部风险管理和金融监管部门宏观审慎管理。股票市场压力测试中，测试的对象是股票市场本身，测试的目的是评估股票市场大幅波动带来的影响，并基于此做好关于稳定市场的政策和工具储备。

压力因素不同。在通常的压力测试中，围绕被测试的金融机构，压力因素一般是多方面的，可能包括信用风险压力因素、市场风险压力因素、流动性风险压力因素和操作风险压力因素等。在股票市场压力测试中，压力因素只有市场风险压力因素。

压力传导机制不同。在通常的压力测试中，需要将多个压力因素逐步传递到承压对象（即金融机构）上。在股票市场压力测试中，建立压力传导机制首先要考虑股票市场大幅波动对股市相关主体及业务的影响，包括对证券公司主营业务的影响，对公募基金和私募基金的影响、对融资融券和股票质押业务的影响，等等；其次需要研究压力情景下风险跨市场传导的路径和方式；最后还要分析股票市场大幅波动对银行、信托、保险等机构的影响。

四、综合性压力测试逐步构建形成 —— 实现对风险传导与测度的系统完整的分析描述

经过几年的积累，在市场外围环境和市场内部因素的催促下，

我们开始进行更为复杂的股市综合性压力测试研究工作。2018年以来，受国际经济环境变化、人民币汇率贬值、企业信用风险加速暴露等因素共同影响，A股有一段时间持续震荡，并在某些时段快速下行。而且，不排除国际环境加速恶化、上市公司业绩下滑等极端情形的出现，叠加投资者的悲观情绪，进而引发A股更大幅度的波动、更快速的下跌；这可能使证券基金经营机构、上市公司、投资者的风险加速暴露。为了摸清风险底数，做好充分的应对准备，我们从宏观经济、投资者行为等多变量、多因素、多情景出发，开展了股市综合性压力测试，以便未雨绸缪，有效防范化解风险。

总体思路：股指的长期趋势由经济基本面决定，短期波动则主要受情绪面影响。各种基本面、政策面上的不利因素将导致股指长期中枢下移，而投资者的悲观情绪往往会使股指实际点位进一步向下偏离中枢水平，从而生成不同压力下的市场情景。在不同压力情境下，各类投资者、产品遭受损失，并通过一定的路径向银行、信托和保险等机构扩散影响。

具体步骤：从投资、消费、净出口"三驾马车"的下行出发，使用动态因子模型（DFM）测算出工业增加值、物价指数等主要宏观经济指标以及利率、M2等货币政策指标，从而生成轻度、中度、重度三种宏观压力情景。采用多因素模型，计算出三种宏观压力情景对应的上证综指长期中枢；分析投资者情绪，将三个中枢点位与行为偏离程度相叠加，测算出压力情景下的九个股指点位及对应的市场成交量等指标。然后，分股市内部、外部传导的逻辑层面分别进行分析测度。

——股市内部。基于压力情景的股指点位，对股市自身风险状况进行评估，包括证券公司主营业务和资本缺口，公募基金和私募基金的赎回和清盘情况，融资融券和场内股票质押业务的违约风险和平仓压力，上市公司经营情况和上市公司违约风险，等等。

——外部传导。在不同压力情景下，分析评估股市对银行、信托和保险机构的影响，包括上述机构补充资本的能力或自有资金投资的股票可能出现的亏损；并进一步分析评估压力情景下风险跨市场传导的情况。

通过此项研究，不仅摸清风险底数，增强监管层对风险发生和传播的敏感性，为进一步未雨绸缪、储备好防风险工具箱打下基础，也系统梳理风险交叉性传染的路径和方式，为更深入的分析研究奠定了基础。而且，在压力测试方法上克服了前几次的若干缺陷，逐步形成了多变量、多因素、多情景的股市综合性压力测试操作流程。

为了进一步总结梳理此项具有开创性的股市综合性压力测试研究，也为了展现给更多分析研究人员以提出宝贵意见、改进我们的框架和方法，我们将股市综合性压力测试编辑成书。同时，为方便读者更清晰理解股票市场压力测试及风险传导的复杂过程，本书以案例年相关数据为例，细致展示方法、流程、路径。具体时间假定为案例年二季度，由于国际经贸环境突变，或国内经济面临较大下行压力，或上市公司业绩下滑等重大影响，股票市场面临较大冲击和下滑。案例年不特指某一年，以案例年二季度初（或3月末）为起点，案例年二季度末（或6月末）为终点，演示股市综合性压力测试的全过程。案例中使用了大量数据，只是为了更具象地展示综合性压力测试的操作流程、展示风险传导的力度和过程，数据本身的系统性、完整性、精准性等不是重点。

　　由我和马遥担任本书主编，编委[①]包括（按姓氏笔画排序）：刁筱婧、于棠子、王书朦、毛婧宁、方钰涵、毕扬、朱思捷、乔国荣、刘鉴、池鸣、杨丰绮、沈妍、宋敏敏、施凯英、高晗雨、郭宇强、龚欣阳。特别感谢曾就职于中国人民银行的郭永强先生，感谢他对股市综合性压力测试的研究思路和为本书撰写进行了专业、系统的指导。

　　股票市场综合性压力测试，是一项开创性的研究工作，既需要结合我国资本市场发展阶段和特征不断进行理论上的完善，也需要在方法和路径上不断探索，比如，进一步考虑动态迭代、细化模型参数，等等。由于水平有限，书中难免有疏漏或不妥之处，恳请读者提出宝贵意见。另外，在写作过程中，也借鉴了许多专家学者的研究成果，参考文献都有列出，如有挂一漏万之处，敬请海涵。

　　需要声明的是，本书内容仅为作者学术研究成果，与所供职单位无关。

王绍辉

2023 年初夏

　　[①] 各章节具体执笔：于棠子（第一章），方钰涵（第二章第一节、第三节），龚欣阳（第二章第二节），施凯英（第二章第四节、第五章第一节），沈妍（第三章第一节、第二节，第八章第三节），毕扬（第三章第三节、第四节），郭宇强（第四章第一节），乔国荣（第四章第二节），杨丰绮（第五章第二节），高晗雨（第六章第一节、第二节），刘鉴（第六章第三节），宋敏敏（第七章第一节），王书朦（第七章第二节、第三节），刁筱婧（第八章第一节），朱思捷（第八章第二节），池鸣（第九章），毛婧宁（第十章）。由王绍辉、马遥进行统稿和总撰定稿。

目　录

第一章　压力测试的概念和方法

第一节　压力测试的定义

一、监管当局的定义

压力测试最早由国际证券监督管理委员会组织（IOSCO）于1995年提出，是指假设市场在极端不利的情形时，分析对资产组合的影响效果。国际清算银行（BIS）和国际货币基金组织（IMF）将宏观压力测试定义为用于评定金融系统在"罕见但可能发生的"宏观经济冲击下的薄弱和脆弱点的一系列方法和技术。上述国际金融组织把压力测试着眼点主要放在两个方面：一是压力测试的目的，用于评估金融体系的稳定性；二是压力因素，主要来源于宏观经济冲击。

国际清算银行巴塞尔银行全球金融系统委员会（BCGFS）则将压力测试定义为用来衡量金融机构潜在的一些异常但又可信事件脆弱性的各种技术的总称。

一些国家和地区的金融监管机构也先后提出了压力测试的定义。香港金融管理局在压力测试指引中指出，压力测试是一种风险测量技术，用于评估银行在压力环境下可能的损失，以及这些损失对银行盈利能力和资本的影响。中国银行业监督管理委员会2007年发布的《商业银行压力测试指引》中，将压力测试定义为"一种以定量分析为主的风险分析方法、通过测算银行在遇到假定的小概率事件等极端不利情况下可能发生的损失，分析这些损失对银行盈利能力和资本金带来的负面影响，进而对单家银行、银行集团和银行体系的脆弱性做出评估和判断，并采取必要措施"。在中国银监会2014年发布的《商业银行压力测试指引》中，将压力测试定义为：一种银行风险管理和监督工具，用于分析假定的、极端但可能发生的不利情景对银行整体或资产组合的冲击程度，进而评估其对银行资产质量、盈利能力、资本水平和流动性的负面影响。

二、对压力测试的技术定义

由于压力测试是一种分析风险的技术工具，有必要从技术角度加以界定。压力测试是指，在给定的测试时刻（t），根据所掌握的压力因子的历史情况（t之前的信息），同时加入测试主体对极端情景提出的建立压力因素在今后的某个时刻（$t+1$）的极端情景模型，然后将这些压力情景按照一定的压力传导模式代入承压对象或分布的计算过程，最终得到所需要结果的过程。

用数学公式表达为：$D\{\bar{Y}_{t+1} | A_{t+1}\} = f\{X_t I_{t+1}\}$

（1）X_t表示掌握的关于测试因素的历史情况，I_{t+1}表示对$t+1$时刻不利情景的假设。

（2）A_{t+1}表示由压力情景产生的$t+1$时刻的信息集合，也可以代表压力情景生成器。

（3）$\bar{Y}_{t+1}$表示测试指标在 $t+1$ 时的取值，D 表示为 $\bar{Y}_{t+1}$ 的条件取值的分布。

（4）f 表示从情景信息到最终测试指标或分布的传导模式，可以代表一种函数关系，也可以是一种理论的简单对应关系。

上述技术定义表明，压力测试主要涉及以下几个基本内容：压力因素及其历史信息、压力情景的假设信息、压力情景生成器、压力传导模式、承压指标的计算过程、测试结果。

三、压力测试的分类

目前，常用的压力测试分类主要包括按测试主体和测试目的、按测试流程、按采用的方法等几种分类方式。

按照压力测试的不同主体和测试目的，将由金融管理部门或国际金融组织作为测试主体，主要分析宏观经济增速下滑对金融体系脆弱性影响的测试，称为"宏观压力测试"；由金融机构内部测试主体主导的，估算"异常但合理"的冲击所导致的资产组合价值变化，测试目标在于衡量冲击对金融机构某项业务的潜在影响，称为"微观压力测试"。

按照压力测试不同流程的分类，有"自下而上"法和"自上而下"法。所谓的"自下而上"是指首先在局部和个体层面进行测试，然后将个体测试结果汇总得出整体的结果。例如，银行定期进行的整体压力测试可以首先从各个具体组合、风险、地区和业务线进行开始，然后将测试结果进行汇总，并将结果汇报给监管部门，进而得到整个业务条线或公司的整体压力测试结果。自下而上的测试可以捕捉风险的集中问题以及风险传染问题，因此得到更为精确的测试结果。"自上而下"的测试是将所有测试对象组成一个整体，集中同时进行测试。既可以针对单个金融机构资产负债分散进行，也可以针对能够代表整个银行业体系的资产组合集中进行。缺点是容易忽略银行之间风险传染的可能性，以及由于回馈效应所可能带来的内生风险。自下而上法一般是用于承压对象与压力因素之间的关系比较简单，测试投入资源较大，有足够时间和精力进行测试的情况。自上而下法一般是用于承压对象和压力因素之间的传导路径较复杂，或者测试成本较高、投入较大的情况，例如，宏观压力测试。对于究竟采用自上而下的方法还是自下而上的方法，要视具体情况而定。例如，鉴于我国银行业金融机构不良贷款率等时间序列数据较短，人民银行在开展信用风险等宏观压力测试的实际操作中，选择自上而下的方法较好；但在金融机构对某项资产组合或者业务开展微观压力测试时，选择自下而上法较好。

第二节　压力测试的方法

目前，在实际压力测试工作中采用的方法主要有敏感性分析和情景分析等测试方法。

一、敏感性压力测试方法

敏感性压力测试是指在保持其他条件不变的情况下，研究单个压力因素或少数几项关系密切的压力因素变化可能会对承压对象产生的影响。压力传导机制及其参数一般由人为主观设定。例如，假设在其他条件不变的前提下，房地产价格下降对银行房地产贷款质量的影响；单一不良贷款率上升一定幅度对银行资本充足率产生的影响；单一利率变动对银行当期收益的影响；投资者情绪的变化对股市估值中枢的影响。

敏感性压力测试的特点是使用快捷、及时，评估单变量变化的影响，对数据的要求不高，时间范围短，大部分情况下是当期数据，计算简单，可以不通过构建计量模型进行压力测试。如利率变动不仅直接对银行利率敏感性资产和负债的收益及支出产生影响，还会影响借款人的还款能力，对资产质量产生影响。

二、情景压力测试方法

情景压力测试主要用于评估一个或几个压力因素从当前市场情景突然变化到某些极端情景的过程中对资产组合价值变化的影响程度。该方法对风险来源的定义充分，能评估多因素变化下的影响状况。同时，情景压力测试的传导机制及其参数是客观存在且需要通过一定的计量方法去发现的，不能由人为主观设定。情景压力测试的压力指标是对承压指标的影响及其参数是非线性或者仅能通过模型才能获取的，例如，GDP 增速下滑、利率上升对金融机构不良贷款率的影响。因此，必须借助计量工具将压力指标和承压指标之间的数量关系揭示出来，以此实施压力测试。可见，建立合理的数学模型是实施情景压力测试的关键。情景分析的优点是可以把宏观经济之间的互相影响考虑在内，可信度高，能很好地反映出宏观经济在压力情境下的变化；缺点是一般要借助可靠的宏观经济计量模型的支持才能很好地考察多因素的影响。

三、其他压力测试方法

除了敏感性压力测试和情景压力测试这两种主要的压力测试方法外，还有方向压力测试等其他压力测试方法。方向压力测试先假定压力测试最终结果已知，金融机构置身于逆境中，如遭受信贷损失、违反资本比率监管要求或流动性严重短缺，使其无法履行偿债义务，再据此推论出能够导致这一最终结果的事件。此测试有助于金融机构提前看清潜在严重风险，评估可能威胁其生存的几类极端事件的综合效应。

第三节　压力测试的流程

压力测试的流程包含如下六大步骤：选择测试对象并确定承压对象和承压指标，分析压力因素和压力指标，设计压力情景，建立压力传导机制，结果的计算分析与应用，形成测试报告。

一、选择压力测试对象并确定承压对象和承压指标

开展压力测试首先要确定测试的对象。由于将一个金融体系的所有金融机构纳入压力测试成本太高，确定测试对象时不能选择面过宽。在实践上，通常选择一些对金融体系稳定具有重要意义、受一些共同的风险因素影响的金融机构进行压力测试。在选取压力测试对象时应遵循以下原则：

1.重要性原则。一般来说，要选择对系统有重大影响的金融机

构或金融行业作为压力测试的对象，可用被测试机构的市场份额（或按资产规模、盈利能力、资本充足率等指标）作为参考标准进行划分，以避免被测试机构过多导致的处理困难。例如，可以按资产规模对金融机构进行排序，选取资产总额累计达到整个体系的一定比例的机构进行测试。

2.经济性原则。要根据测试目的及测试设备的现有条件适当调整压力测试，以节约资源，最大限度地开展压力测试为目标，要在测试成本和测试效果上做好平衡。

3.针对性原则。结合日常风险监测工作，选择一些受重大政策变化影响更大，潜在风险比较突出或存在重大风险隐患的机构或行业纳入监测范围。

在选择压力测试对象后，需要根据具体的测试目的，结合金融机构现状及业务实际，确定承压对象和承压指标。

承压对象和承压指标是整个压力测试具体流程的起始点，也将决定压力测试的具体方法和流程。综合来看，选择承压对象和承压指标，要具体问题具体分析，根据承压对象的特点、数据等基本情况进行综合考虑，然后选取最合适的承压指标。按照不同的层级关注度，产生了承压指标的技术型指标和管理型指标的分类。

技术型承压指标指一些表示风险损失量本身的指标。信用风险压力测试的承压指标可以是 PD（违约概率）、LGD（违约损失率）等；市场风险压力测试的承压指标可以是头寸的缺口、久期、外汇敞口、风险价值（VAR）等；流动性风险压力测试承压指标可以是现金流缺口、流动性比率等；操作风险压力测试承压指标可以是操作风险损失金额、操作风险价值（VAR）、监管资本等。

管理型承压指标则为监管机构、金融机构以及管理层较为关注、具有现实意义的指标。信用风险压力测试的承压指标可以是贷款拨备、一般风险准备、不良贷款率、资本充足率等；市场风险压力测试的承压指标可以是保证金变化资产组合或业务头寸的价值或者损益、行业盈利能力等；流动性压力测试承压指标可以是融资缺口等指标；操作风险压力测试承压指标可以是损失分布、损失概率等。

二、确定压力因素和压力指标

不同测试主体进行压力测试的目的不同，因此在选择压力因素和压力指标时所关注的重点也会有所差异。测试主体一般会根据测试目的将压力因素和承压对象一起确定，压力因素应该既能够体现出对测试主体影响的重要程度，也能够表现出和承压对象之间的对等性。如在国内房价大幅下跌的背景下，一般会将个人住房贷款和房地产贷款的信用风险作为承压对象，房价和经济增速就可以作为压力测试的压力因素；在上市公司商誉大幅减值的背景下，一般会将上市公司业绩作为承压对象，上市公司商誉减值情况就可以作为压力因素。此外，以上的压力因素是可以组合存在的。

（一）信用风险压力因素和压力指标

针对信用风险压力测试可以设置的情景包括：国内及国际主要经济体宏观经济出现衰退，房地产价格出现较大幅下滑，贷款质量恶化，授信较为集中的企业和同业交易对手出现支付困难，其他对银行信用风险带来重大影响的情况。

在信用风险测试中可以选择以下几类宏观变量为压力指标：

◇ 国内生产总值 GDP 或地区生产总值；

◇ 消费价格指数 CPI（国家或地区）；

◇ 广义货币供应量 M2；

◇ 全社会消费品零售总额（国家或地区）；

◇ 全社会用电量（国家或地区）；

◇ 铁路货运量；

◇ 期货市场价格指数（包括黄金、铜、螺纹钢、石油等价格指数）。

（二）市场风险压力因素和压力指标

针对市场风险压力测试的内容可以设置的情景包括：市场上资产价格出现不利变动，主要货币汇率出现大的变化，利率重新定价缺口突然加大，基准利率出现不利于银行的情况，收益率曲线出现不利于银行的移动等。

在市场风险压力测试时，可以考虑以下压力指标：

◇ 国债指数；

◇ 股票市场指数（上证综指、中证 300 指数、深圳指数）；

◇ 美元指数、人民币汇率、欧元兑美元汇率；

◇ 银行间短期拆借利率（隔夜、七天 SHIBOR）；

◇ 基准利率（商业银行一年的存贷款基准利率等）；

◇ 央行存款准备金利率。

以上是针对市场风险压力测试常用的测试因子，也可以选择金融债指数、票据利率等作为测试因子。

（三）流动性风险压力因素和压力指标

流动性风险压力因素可能来自外部事件，例如央行实施紧缩的货币政策、经济衰退，也可能来自金融机构自身经营问题，例如流动性资产大幅下降。《流动性风险管理的指引》中给出 12 个流动性风险的假设条件，主要包括流动性资产价值的侵蚀，融资期限的缩短，交易对手要求追加保证金或担保，信用评级下调，市场流动性的突然下降，银行支付结算系统的突然崩溃，等等。

在流动性风险压力测试中可以选择以下几类变量作为压力指标：

◇ 市场利率；

◇ 法定存款准备金率；

◇ 同业拆借资金量；

◇ 存款增长率；

◇ 流动性比率；

◇ 核心负债比率；

◇ 流动性缺口率。

（四）操作风险压力因素和压力指标

按照风险事件类型分类，可分为内部欺诈，外部欺诈，就业制度和工作场所安全事件，客户、产品和业务活动事件，实物资产的损坏，信息科技系统事件，执行、交割和流程管理事件。如"8·16"光大证券乌龙指事件就是典型的信息科技系统事件。

在操作性风险压力测试中可以选择以下几类变量作为压力指标：

◇ 每亿元资产损失率；

◇ 每万人案件发生率；

◇ 百万元以上案件发生比率；

◇ 超过一定期限尚未确认的交易数量；

◇ 失败交易占交易数量的比例；

◇ 错误和遗漏的频率以及严重程度等。

（五）传染性风险压力因素和压力指标

传染性压力测试主要考察的是金融机构之间风险关联性和传染性。影响传染性风险的压力因素主要来源于两方面：一是外部冲击，包括宏观经济变量、行业景气和突发事件影响，这些因素都会影响单个金融机构发生机构间违约的可能性；二是机构破产后的违约损失率，违约损失率的大小直接决定了对金融体系中其他机构风险传染的强弱。

在传染性风险压力测试中可以选择以下几类变量作为压力指标：

◇ 国内生产总值增长率；

◇ 消费价格指数；

◇ 国内房屋景气指数；

◇ 同业存放违约损失率；

◇ 同业拆借违约损失率。

三、设计压力情景

根据国际清算银行（BIS）的定义，所谓"情景"是指为对未来看法的总和描述。常见的情景生成办法为历史情境法、专家情景法、模型法以及混合方法四种。

（一）压力情境设计的原则

首先，压力情景设置应具有前瞻性，能够考虑到传统风险管理或者历史情境所不能反映的新信息和新生风险的可能性；其次，压力测试要关注压力指标的剧烈波动，要考虑当前经济环境对压力指标的影响；再次，压力测试应该包含多个压力指标，这可以对不同情况进行不同的模拟，以反映压力指标对金融机构的影响，要注重事件发生的可能性；最后是数据选择和变量的选择，不同的数据区间选择会影响压力测试的效果，数据选择要贴合现实经济状况，也要符合金融机构对于压力测试具体目的的要求。

（二）设计压力情景的方法

1. 历史情景法

历史情景法是根据历史已有数据选取轻度、中度和重度压力情景，情景选择既可以选择最不利的情景，也可以根据分位点的方法逐次选择轻度、中度和重度压力情景，情景选择需依赖于压力测试的目的。

历史情景法的优点：一是客观性。利用历史事件数据及其风险因子波动情形为依据，有助于估计难以设定的指标参数，确定风险因子的变化幅度，降低模型的假设性。二是简便性。历史事件相关指标可以直接使用，而不用考虑这些指标之间的相关性。但缺点是历史情景法无法完全反映现实市场情景；历史指标可能会起误导作用，由于每一次危机原因都不尽相同，很难完全适用于当前资产组合的情景。

2. 主观情景法（或称专家情景法）

主观情景法是基于专家经验和判断，应用一定经济学原理对压力情景进行设定的一种方法。可以根据测试的目标和范围，有针对性地确定压力指标及其冲击强度，但是情境设计要遵循历史和经济规律。该方法的优点是充分结合当前宏观经济环境，设定的压力情景具有前瞻性和针对性，缺点主要是主观性强及情景设定说服力不足。

3. 模型法

模型法就是用历史观测数据建立统计建模方法设计情景。压力测试要求压力情景具有较强的前瞻性和预测性，压力测试结果才能对制定宏观审慎管理政策、防范系统性金融风险发挥更强的指导作用。

用统计建模的方法设计情景，具有灵活、适应性强的优点，该方法可以任意假设压力指标的类型和变化模式，假设可能发生的事件以及影响程度，能够灵活地考察测试对象在各种风险来临时的表现，从而确定风险暴露程度。缺点是依赖于历史数据基础和模型假定的准确性。

4. 混合方法

混合方法即有选择地借鉴历史情境中风险指标的变化和损失的分布，通过参考历史数据，结合专家经验和判断，对风险因素和其相关性进行设定。欧美国家近年来的压力情景设定也是采用混合方法。2009 年美国监管资本评估计划（SCAP）中的压力测试[①]，采取了专家判断和历史情境相结合的方法设定压力情景。同样，针对我国目前的经济状况，采用混合方法更具有现实意义。

四、建立压力传导机制

压力传导机制是指在压力情景下将压力因素逐步传递到承压对象和承压指标的过程。压力传导机制可以是简单的、线性的、两元的，也可以是复杂的、非线性的、多元的。

_____

① 这一方法在本书第二章第一节详细介绍。

压力传导模型是压力测试传导机制中最为核心的部分，压力传导机制按照以下方法构建。

（一）方法选择

按照压力传导机理，压力测试模型可以分为自上而下、自下而上以及自上而下和自下而上相结合的方法。

1. 自下而上是先从局部和个体层面进行测试，然后将各个个体的测试结果汇总得出整体的结果。自下而上的流程如下：

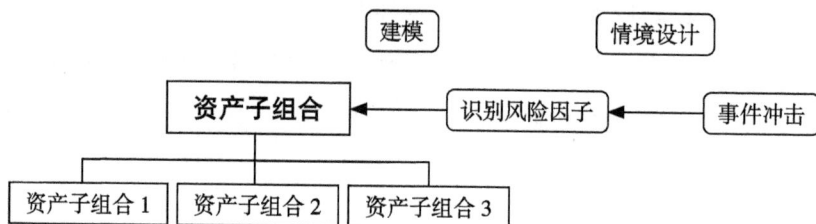

```
        ┌──────┐              ┌──────┐
        │ 建模 │              │情境设计│
        └──────┘              └──────┘

┌──────────┐   ┌──────────┐   ┌──────┐
│ 资产子组合 │◄──│识别风险因子│◄──│事件冲击│
└──────────┘   └──────────┘   └──────┘
    │
 ┌──┴────────┬──────────┐
┌─────────┐┌─────────┐┌─────────┐
│资产子组合1││资产子组合2││资产子组合3│
└─────────┘└─────────┘└─────────┘
```

图1-1 自下而上的压力测试流程

自下而上法适用于承压对象和压力因素之间的关系比较清楚，可以得到更加精确的测试结果。因其投入的时间和精力较大，所以要有足够的数据资源保障。可以采用财务模型或结构化模型技术。由于其能够捕捉风险具体传导过程，从而使测试结果更为精确。但是其一方面对数据质量要求较高，另一方面测试过程中实际建模难度大、成本高。

2. 自上而下法是将所有测试对象组成一个整体，集中起来同时进行测试。自上而下的流程如下：

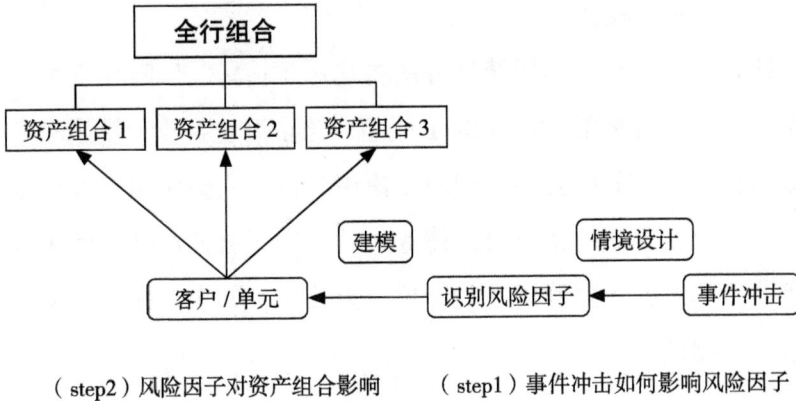

（step2）风险因子对资产组合影响　　（step1）事件冲击如何影响风险因子

图 1-2　自上而下的压力测试流程

自上而下法适用于承压对象和压力因素关系不是很清楚的情况，或者压力测试成本较高的情况。自上而下法的不足是在整体层面进行的压力测试可能会掩盖个体的集中风险以及个体之间的相互关联风险。

区分自上而下和自下而上方法是相对的。对于金融机构来说，对个别业务开展测试然后汇总结果是自下而上，对整体业务开展测试是自上而下。但对于监管部门开展宏观压力测试来说，即使某个机构是对整体资产开展压力测试，然后将结果报送至监管部门，由监管部门汇总各机构压力测试结果，对于监管部门而言，这种方式也是自下而上的。自上而下和自下而上的区分主要是从测试主体的角度来划分的。

（二）模型构建

根据计量方法不同，可分为统计计量模型和财务模型，在实际运用中建模方法往往相互交叉使用。

1. 统计计量模型

统计计量模型即运用统计方法构建承压指标与风险因子之间的关系。国际上最常用的是 Wilson 模型。该模型包含复杂模型和简化模型两种形式，其中复杂模型属于集中测试，主要应用于宏观压力测试，如研究宏观变量对银行债务人的信用评级的影响；简化模型属于分段测试，主要用于某些专项压力测试，如个人住房贷款信用风险压力测试。

2. 财务模型

财务模型的优点直观、简洁，它假设一个压力情景，并将情景映射到银行、券商或客户的资产负债表的财务信息，在此基础上研究冲击对其稳定性产生的影响。

财务模型的具体过程如下：首先，选取代表性的测试样本。因财务模型主要采用自下而上的传导模式，就需要确定样本。其次，界定承压对象，选择承压指标。再次，选取能够反映客户财务报表变化的压力指标。最后，根据客户行业类型以及财务报表实际情况，对收入支出状况进行分解，设计相应的财务报表信息模板，对压力指标施压，判断利润率和已获得利息倍数的变化结果。采用同一方法对所有样本实施压力测试，并汇总结果，从而得出压力情景下流动性风险和整体业务质量情况。

五、分析测试结果

一旦完成了压力测试，就需要将有关压力情景的细节和每一种压力情境下的可能损失等进行总结，以便为采取应对措施提供科学依据。开展压力测试的各种经验表明，压力测试非常便于识别潜在风险敞口，并通过系统性的方式识别可能发生的损失大小。有规律性地开展压力测试，可以反映金融机构或体系的风险随时间变化的动态情况。

压力测试结果分析，主要从以下几个方面展开：（1）分析承压指标在极端情景下相对于基准情景的变化程度，分析承压指标对压力情景的承受力。在有多个承受因子的压力测试中，分析不同承压指标对压力情景的承受力，得到最敏感、最能反映承压对象脆弱性的承压指标。（2）分析压力指标与承压指标的关系，通过结果的取值，从经济学角度分析各个压力指标对承压指标的影响程度。（3）由于不同的压力因子影响力持续性存在区别，通过对承压对象未来风险水平趋势进行预测，判断出对风险影响更为长远的压力因子。相应地，还可以分析不同的承压对象在相同过渡情境下，未来信用风险走势的区别，得到受压力情景影响更显著的资产组合或指标。

但需注意的是，当解释和分析压力测试结论时，重点在于充分分析设定压力情景所获得的潜在风险敞口和可能发生的损失，分析金融体系或单个金融机构脆弱性的风险暴露程度，而不是进行破产的预测。

六、形成测试报告

压力测试报告是体现压力测试结果的重要方式。应当制定一整套的压力测试报告机制，通过对测试结果的分析和应用形成测试报告。压力测试报告包含了如下要素：

（1）压力测试方法。阐明压力测试的承压对象、承压指标和压力情景，并描述压力情景对承压对象造成不利影响的传导机制。（2）数据基础。整理说明压力测试的所有相关数据，包括数据来源、数据定义和统计口径等。（3）测算模型。描述从压力情景传导到承压指标的计算过程中所有相关公式或模型，确保模型开发过程中可再现、模型结果可验证。（4）测算结果。以文字或表格形式列出压力测试结果。从风险管理的角度对压力测试结果进行分析和评估，评估重点是压力情景下可能造成的损失或危害，并指出风险管理中可能存在的薄弱环节；政策建议部分需根据压力测试结论，提出具体可操作的政策建议。

第二章 国际国内压力测试的实践及与股票市场压力测试的异同

近年来，我国股票市场规模持续扩大，发展速度不断加快，对外开放程度也日益加深，股票市场已成为资本市场的重要组成部分。按照股票总市值排名，A股市场已经成为全球第二大股票市场。而且，由于交易活跃度高，涉及众多业务种类和市场主体，交叉性业务日益复杂，股票市场的重要性更加凸显，在金融运行中牵一发而动全身。一方面，股市参与者面临流动性风险、市场风险和操作风险等多类型的风险；另一方面，各类风险互相传导，极易共振叠加、引发更大的风险。例如，股市大幅下跌时，市场流动性风险增大；资管产品的赎回压力迅速上升，导致资金流动性问题加剧；在严重情况下，这些风险传导还会引发更多机构风险，甚至是严重的系统性风险。所以，需要开展股票市场压力测试，识别脆弱环节，摸清风险底数，守住不发生系统性金融风险的底线，维护市场稳定健康运行。

此前，国内外很少有监管部门进行关于股市的压力测试，已有的压力测试大部分是以银行或具有系统重要性的券商机构作为测试对象。如何开展此项工作，应首先借鉴国际国内开展压力测试的经验。例如，IMF和世界银行共同发起的金融部门评估项目（FSAP）中所做的压力测试，在情景设定和模型选取方面提供了范式；国内央行、银保监会和证监会也在压力测试方面逐渐形成一些比较成熟的实践经验。

股市压力测试着眼于宏观层面，即分析股市大幅波动对股票市场运行及功能、股票市场各类主体等方面的影响。所以，在梳理国际国内压力测试现状和实践时，主要侧重于宏观压力测试情况。

第一节　国际组织和主要经济体开展压力测试的情况

随着经济金融环境日益复杂，风险因素和风险事件对金融系统的影响更加广泛，国际金融组织和各国金融管理当局逐步将压力测试作为维护金融稳定、防范系统性风险和应对不确定性的重要工具和手段。各国对压力测试的情景设定、风险传导框架和计量模型等方面不断探索和改进，使得压力测试能够更准确反映金融机构或系统在压力情景下的表现。以下选择了国际上具有成熟压力测试实践经验的金融组织和国家，对其实施的压力测试作简要综述，总结经验和不足，对我们构建和完善股票市场压力测试有很多启发、借鉴。

一、国际金融组织

（一）IMF 与世界银行的压力测试

1999 年，IMF 与世界银行共同发起了金融部门评估项目（FSAP），首次将宏观压力测试作为衡量金融系统稳定性的重要工具。开展至今，FSAP 压力测试已经成为评测金融稳定的主流框架，为很多国家和地区的金融风险防范和金融危机预警提供了范式。

FSAP 宏观压力测试通常有"自上而下"和"自下而上"两种方法，用于交叉检验。出于宏观审慎和资源可获得性的考虑，FSAP 宏观压力测试的覆盖范围包括系统性重要机构、具有潜在系统重要性的二线银行以及被认为具有一定风险的小型机构。

不少国家在 FSAP 框架下使用合并的银行集团数据来进行压力测试，如美国、英国、澳大利亚、中国、日本等。从数据的时间跨度方面，发达国家通常采用 5 年的时间跨度，而大多数发展中国家通常采用 1 至 3 年的数据，结合专家判断作为补充。

1. FSAP 压力测试情景设定

FSAP 压力测试的情景设定可以是主观情景法，也可以是历史情景法。主观情景法即直接给定压力测试的参数值。历史情景法即根据历史数据选取不同程度的压力情景，而后计算不同压力情景下的经济、金融变量估计值，根据这些估计值计算宏观经济冲击对银行体系的影响。在 FSAP 压力测试中，可以用计量经济模型、纯统计方法等计算给定情景下经济、金融变量的估计值。

2. FSAP 压力测试模型

FSAP 压力测试共有 4 个模块，分别是辅助模型模块、资产负债表模块、投资组合模块和宏观金融模块。

辅助模型模块。这一模块被用来确定压力情境下的收入损失和信贷损失，以宏观经济、金融变量作为自变量，银行的净利息收入、非利息收入、交易收入、信贷增长和信贷损失等变量作为因变量。这一模块可以采用包括时间序列、回归模型以及结构化模型等分析方法。

资产负债表模块。这一模块利用公开的财务报表和宏观经济数据对银行的资产和负债情况开展压力测试，以计算压力情景下金融机构的资本缺口。这一方法操作相对简单，成为测试银行偿付能力的主要方法。但该方法忽略了金融机构间的风险传导，有可能低估尾部风险。

投资组合模块。这一模块以投资组合风险管理技术为基础，估计不同风险因素之间的依存关系，该模块需要考虑多家机构同时产生违约风险的可能性和测试结果对风险因素波动的敏感性。

宏观金融模块。该模块采用一致的多冲击组合（例如 GDP、就业、通胀、利率、汇率等），同时对银行的多种业务产生冲击，测试在多冲击环境下银行的整体损失。该模块主要用来检验宏观经济环境和金融环境的联动引起的系统性风险。

3. 通过 FSAP 总结出的压力测试实践原则

IMF 和世界银行开展的 FSAP 压力测试是国际上规范、系统的压力测试范式，IMF 在总结各国开展 FSAP 压力测试的实践经验上提出了 6 条压力测试的最佳实践原则：第一，压力测试的范围应该重点关注系统性重要机构，可从规模、关联性、复杂性和可替代性等角度衡量；第二，压力测试的情景设定应识别所有相关的风险传导渠道；第三，在设定压力情景时，可充分利用投资者的观点，例如采用盯市法计价等；第四，关注尾部风险，关注发生概率小但影响深远的冲击；第五，强调沟通协调，得出可信的测试结果并制定应对措施；第六，警惕"黑天鹅"，压力测试并不能防止"黑天鹅"事件的发生，应定期评估压力测试的范围、风险类型、风险传导渠道等，并采用其他方法对压力测试进行补充。

（二）欧洲中央银行压力测试

欧央行的压力测试采用"自上而下"的方法，主要目的是评估欧元区银行的偿付能力。目前，这一框架已经覆盖了欧元区最大的80 至 90 家银行。

1. 欧央行压力测试情景设定

欧央行的压力情景设定取决于压力测试需反映的特定风险，例如外部风险的冲击、国际间溢出效应的影响及欧元区的内部冲击等。在明确了需测试的主要系统性风险后，将相应的风险因素纳入到压力情景中，并使用模型量化这些风险因素对宏观经济、金融变量的冲击。为保证经济、金融变量受冲击程度被真实、恰当地反映，需要对各风险因素的变化幅度进行校准，欧央行采用两种校准方法：其一是以特殊事件为基准，考察在以往的危机时期这些风险因素的变化程度；其二是使用模型测算法，基于风险因素的历史分布情况测算其变化幅度。

2. 欧央行压力测试模型

欧央行宏观压力测试分为三个模型，分别是细分风险模型、资产负债表模型以及反馈效应和传染效应。

细分风险模型。该模型是将假设的压力情景转化为影响银行资产负债表的变量，欧央行采用信用风险模型、利率风险模型和其他市场风险模型三类细分模型，分别分析信用风险、利率风险和其他市场风险。信用风险模型中的主要指标包括违约概率、违约损失率、不良贷款额、风险损失准备金规模等。利率风险模型主要使用个人和非金融机构的存贷款利率进行分析。其他市场风险模型采用10 余个主要经济体中的 40 多种市场风险参数作为分析指标。

资产负债表模型。资产负债表模型主要用于模拟银行资产负债表的主要科目在受到风险冲击时的变化。该模型采用风险—回报法分析，即银行根据压力情景下各资产的风险和回报，调整其资产负债配置。在这一模型中，最关键的是计算压力情境下银行的损益和偿付能力。银行损益包括净利息收入、贷款损失和市场风险损失三个方面，净利息收入通过贷款、存款、批发性融资等科目计算；贷款损失通过上述细分模型中的信用风险模型估计的违约概率、违约损失率和风险敞口等来计算预期损失；市场风险损失也是通过细分模型中的其他市场风险模型考察在特定时点上投资组合的损失情况。最后，把净利息收入、贷款损失和市场风险损失综合计量，测算银行的最终损益。银行的偿付能力主要通过资本充足率指标体现，在受压情况下银行的最终损失由其资本金弥补，同时，在受压情况下银行的风险加权资产也会相应增加。综合考量资本充足率分子项和分母项①的变化，可以得到银行偿付能力下降的程度。

反馈效应和传染效应。欧央行的压力测试框架考虑了受到冲击后银行提高贷款条件等行为对实体经济的影响，弥补了传统压力测试对实体经济受压情况的考虑不足，并且通过反馈效应测算了实体经济的进一步恶化对银行损益和资产充足率的第二轮冲击。不仅如此，欧央行还考虑了银行体系内部的传染效应，即一些银行在自身业务受冲击后会通过同业业务传染到其他银行，并且银行体系的风险偏好降低也会间接影响到非银金融机构的风险偏好。

二、主要经济体的压力测试实践

（一）美国的压力测试

美国的压力测试体系较成熟，在 2008 年国际金融危机前，压

---

① 资本充足率是银行的资本总额对其风险加权资产的比率。

力测试已成为监管机构衡量银行控股公司在受压状态下资本是否充足的工具。2008 年国际金融危机使得美国监管机构意识到传统风险管理模型的重大缺陷，必须采用新的方法来衡量风险，于是分别在 2009 年和 2010 年开展监管资本评估计划（SCAP）和综合资本分析评估计划（CCAR），并在 SCAP 和 CCAR 中开展压力测试。随后，为扩大压力测试的覆盖范围，美国于 2013 年开始实行多德·弗兰克压力测试（DFAST），在多德·弗兰克压力测试框架的要求下，美联储每年对大型银行控股公司以及金融稳定委员会（FSOC）指定的非银行金融公司开展压力测试，这些公司还要每半年开展一次内部压力测试，以综合评估其在不利宏观经济下的资本充足性。

1. 监管资本评估计划（SCAP）压力测试

2008 年国际金融危机爆发后，美国政府首轮救市并未达到理想效果，于是在 2009 年初提出了以资本补充为救助方法的第二次援助，奥巴马政府要求美联储、货币监理署、联邦存款保险公司等机构联合开展资本评估计划，对 2008 年末总资产超过 1000 亿美元的 19 家银行控股公司开展压力测试，以确定援助对象和具体的援助金额。

SCAP 压力测试的情景主要有基准情景[①] 和不利情景[②] 两类，压力指标包括实际 GDP 增长率、失业率、房价变化率等。

---

① 基准情景（baseline scenario）反映了多数专家对衰退深度的普遍预期，其中实际 GDP 增长率和失业率等于社会专业调查机构公布的一致性预期、蓝筹企业调查以及专业预测人员调查等各类预测值的平均数。

② 不利情景（more adverse scenario）指的是超预期衰退下的情景，是一种更具风险的情景设定。

表 2-1 美国 SCAP 压力测试情景设定（单位：%）

压力情景	2008 年			2009 年			2010 年		
	实际GDP增长率	失业率	房价变化率	实际GDP增长率	失业率	房价变化率	实际GDP增长率	失业率	房价变化率
基准情景	-2.0	8.4	-14.0	2.1	8.8	-4.0	2.1	8.8	-4.0
不利情景	-3.3	8.9	-22.0	0.5	10.3	-7.0	0.5	10.3	-7.0

SCAP 压力测试结果表明，19 家银行控股公司中有 10 家需要政府补充资本，资本缺口约为 746 亿美元，远远小于市场预期。在公布 SCAP 压力测试的结果后，市场对银行控股集团的信心提升，有效缓解了市场的恐慌情绪。

2. 综合资本分析评估（CCAR）

2011 年，美国首次实施综合资本分析评估计划（CCAR），压力测试的范围是在美国境内总资产超过 1000 亿元的金融机构，包括银行控股公司、外资银行中间控股公司、商业银行、投资银行、托管以及专业银行六大类机构。在测试框架中，美联储设置监管层面统一的压力情景，并要求被监管机构结合自身的风险情况至少设定两种压力情景。美联储的统一压力测试和被监管机构自身的压力测试，综合预测银行的损益、资本充足率等指标，根据测试结果对银行资本进行前瞻性的规划，确保金融机构在不利的经济环境下也有足够的资本抵御风险。具体实施步骤如下：

（1）CCAR 压力测试情景设定

美联储的压力情景是在历史情景的基础上结合专家判断设定的。每年 11 月 15 日左右，美联储公布监管层统一设定的压力测试情景，包括基准情景、不利情景和严重不利情景，这三个情景主要衡量的是一般的宏观经济波动。除此以外，美联储还针对某些大型、业务复杂的银行设置了全球市场震荡和交易对手违约两个额外情景。全球市场震荡反映的是事发突然且影响较大的全球性风险事件，交易对手违约反映的是信用风险带来的衍生品和相关证券的损失。被监管银行还要结合自身的风险情况设置类似的基准情景和压力情景，美联储要求被监管银行自设的压力情景要能够反映出银行面临的实质性风险。

表2-2　美国 CCAR 压力测试情景设定

美联储设置的统一压力情景	被测机构自主设置的压力情景
一般情景：基准情景、不利情景、严重不利情景	基准情景、压力情景
额外情景：全球市场震荡情景、交易对手违约情景	

CCAR 的每种情景包括宏观经济、资产价格、利率和国际经济状况四大类变量，压力测试的时间跨度为未来 9 个季度。具体变量如表2-3所示。

表2-3　美国 CCAR 压力情景变量选取

类型	具体变量
宏观经济	实际 GDP 变化、实际可支配收入、CPI、失业率
资产价格	住宅价格、商业地产价格、道琼斯股票价格、股票市场波动率
利率	国债收益率[1]、债券利率[2]、贷款利率[3]
国际经济状况	欧盟、英国、日本、亚太发展中国家及地区[4]的 GDP 增长率、CPI、兑美元汇率

（2）CCAR 压力测试模型

在设置了压力情景后，美联储根据风险类型的不同，运用不同

---

[1] 包括 3 月期、5 年期、10 年期国债收益率。

[2] 此处的债券利率为 10 年期 BBB 级公司债收益率。

[3] 此处的贷款利率为 30 年固定抵押贷款利率。

[4] 包括中国、印度、韩国，中国香港、中国台湾。

的模型测算银行的损失。对于信用风险，美联储根据不同类型贷款的风险特征采用相应的损失预测模型。预测模型的构建思路，一种是根据历史数据，建立宏观经济、金融变量与贷款减记行为的相关性模型；另一种是通过估计压力测试时间窗口内的违约概率、违约损失率和违约敞口暴露水平来测算贷款损失。对于证券资产损失风险，美联储设定了10个独立模型预测可供出售类账户和持有到期类账户的证券资产临时性损失。对于操作风险，美联储基于各家银行的一级资本按照一定比例计算损失，该比例根据银行提交的操作风险数据和相关报告确定。

（3）对 CCAR 压力测试结果的评估

美联储要求被测试银行提交未来9个季度的资本规划，如普通股发行、红利政策、股份回购政策等，基于各家银行的资本规划方案和在压力测试中的表现，采用定性和定量评估相结合的方法综合评定公司的资本规划。定量评估中，美联储要求公司在实施所有的资本规划后，在压力状态下一级普通股资本充足率超过5%，以及满足其他最低监管指标。在定性评估中，美联储评估每家公司的资本规划和压力测试的基础假设是否合理，资本规划是否考虑到了公司面临的基础风险、公司内部治理结构和内部控制等问题。美联储非常重视定性评估，在定性评估中掌握更多的自由裁量权。被测试机构只有同时通过定性评估和定量评估才算通过压力测试。

3. DFAST 压力测试

自2013年起，美国开始实施多德·弗兰克法案压力测试（DFAST）。DFAST压力测试针对总资产规模在100亿—500亿美元的金融机构，因而面向更广泛金融机构进行。除此以外，DFAST

对金融机构资本规划措施的假设不同，用的是标准化假设，例如假设普通股的红利派息与上一年相同，普通股回购为零、不发行普通股和优先股等资本工具，等等。在压力测试结果的评估方面，DFAST 只要求被测机构通过定量评估即可。总的来说，DFAST 压力测试和 CCAR 压力测试在情景设定和压力测试方法上基本一致，只是在被测机构的选取范围、对资本规划实施的假设以及评估方法上有所区别。

（二）英国的压力测试

英国的金融系统稳定压力测试重点强调微观机构间的传染效应以及金融变量和实体经济变量间的反馈效应。英国的压力测试范围主要针对 7 家对银行体系有重要性影响的机构，分别是巴克莱银行、汇丰银行、劳埃德银行、苏格兰皇家银行、西班牙桑坦德集团、全英房屋抵押贷款协会以及渣打银行。

1. 压力测试情景设定

英国的压力测试时间跨度为 5 年，压力测试情景设定了基准情景、温和的二次衰退情景、严重的二次衰退情景和长期缓慢增长情景四种。基准情景是基于 IMF 公布的《世界经济展望》确定的。温和的二次衰退情景即在时间窗口的前两年受到不利冲击，其强度使 GDP 增长率偏离一个标准差。严重的二次衰退情景即前两年受到不利冲击，其强度使 GDP 增长率偏离两个标准差。长期缓慢增长情景，即在 5 年的时间窗口中 GDP 增长率与基准情景的 GDP 增长率相比累计下降 7.5 个百分点，或在 5 年中平均每年的 GDP 增长率约为 0.9%。

2. 压力测试模型

英国采用的是金融机构系统性风险评估模型（RAMSI）进行自上而下的压力测试。RAMSI 模型包含多个评估模块，重点关注风险在银行体系间的传导过程。可以分为以下 8 个步骤：

（1）识别经济、金融冲击。使用全球主要经济体的经济金融数据、石油价格以及股票价格等 24 个变量，识别可能的经济、金融冲击并衡量冲击的大小。（2）估计宏观经济、金融冲击带来的损失。估计压力情景下银行可能发生的贷款损失、净利息收入损失和交易收入损失等。（3）在银行收益和损失的变化下，模拟银行资产负债表的调整情况。（4）建立评级模型，根据资产负债表的调整，对银行的评级作出调整，并考察评级变化对银行融资成本的影响。（5）综合考虑银行发生损失、评级下降的情况下对其流动性带来的影响。英格兰银行采用指标打分的方法，针对资本冲击、短期融资期限错配程度、市场资金依赖性、盈利能力和其他倒闭银行相似性等指标，对每一家银行打分。如果某家银行的分值超过临界点，则判定短期融资市场对其关闭，该银行面临破产危机。（6）考察传染效应。这一环节考察的是某银行倒闭后与该银行有业务关联的对手方可能会遭受损失，并且与该银行有关的资产会被抛售，进而引发资产价格下降，使得市场上的其他投资者遭受损失。当大批的银行陷入困境，则整个市场的流动性偏好提升，与已破产银行具有相似业务结构的银行可能也会遭受破产风险。（7）考察反馈效应。在一轮传染效应后衡量幸存银行的流动性状况，同样以打分的形式考察其流动性是否充足，估计是否会出现第二轮银行倒闭。（8）假设市场恢复到冲击之前的状态，银行按照一定监管要求和冲击后资产负债表的情况调整下一步的投资计划。

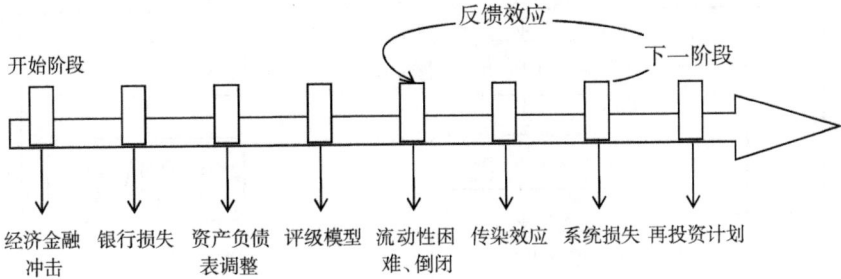

图 2-1 风险在银行体系间的传导过程

（三）日本的压力测试

日本实施的压力测试主要是为了测试日本金融系统的稳健性，日本央行每半年组织开展一次压力测试，测试对象主要是日本的大型银行和地方银行，测试窗口期为 3 年。

1. 日本压力测试情景设定

日本央行的压力测试采用的是历史情景法，压力测试情景分为基准情景和压力情景两类。其中压力情景又分为经济下行压力情景和利率曲线上移情景。

2. 日本压力测试模型

在 2011 年以前，日本央行实行的银行业压力测试主要考虑信用风险和利率风险测试，并没有考虑到金融系统和实体经济之间的负反馈循环。在 2011 年后，日本央行开始运用宏观经济计量模型（FMM）将信用风险、利率风险、金融体系与实体经济之间的负反馈循环纳入同一框架进行压力测试，考虑到了金融与实体经济的联动。

FMM 模型中各个变量之间的关系（例如资本充足率对银行贷款行为的影响）是通过 1980 年至今的数据用回归模型计量得出。

图 2-2 是 FMM 模型刻画的风险传导机制。

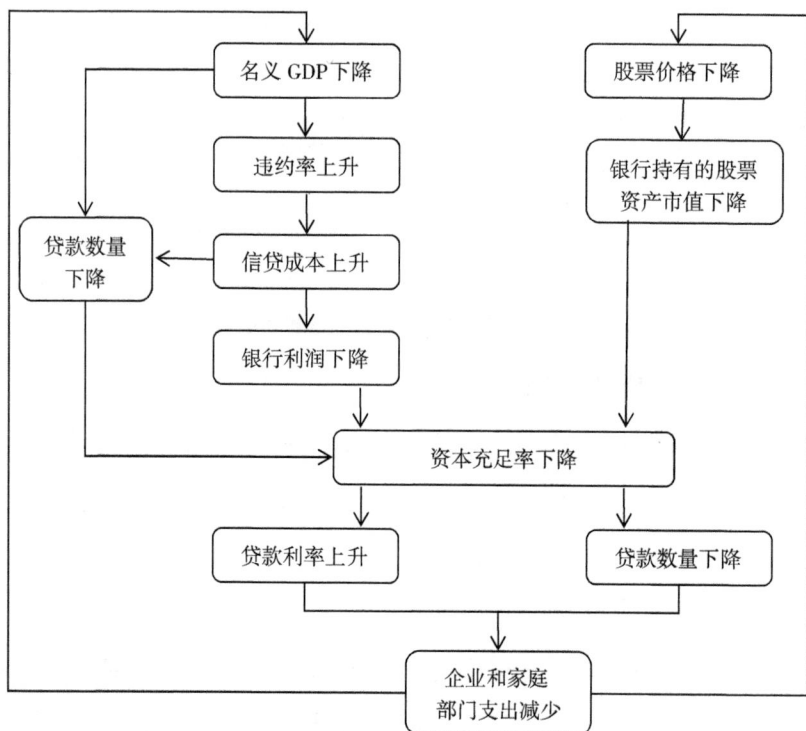

```
名义 GDP 下降          股票价格下降
     ↓                     ↓
违约率上升          银行持有的股票
     ↓              资产市值下降
贷款数量   ← 信贷成本上升        ↓
下降            ↓
         银行利润下降
            ↓
         资本充足率下降
         ↓          ↓
     贷款利率上升   贷款数量下降
         ↓          ↓
         企业和家庭
         部门支出减少
```

图 2-2　FMM 模型刻画的风险传导机制

三、国际压力测试的经验与启示

通过梳理主要国际组织和发达经济体开展的压力测试，总结其共性，得到如下启示：

总体上看，主要国际组织和发达经济体大都针对银行业进行压力测试。金融风险是压力测试中主要考察的内容，而银行业是金融体系的重要组成部分，能比较全面地反映金融体系的稳健性。因此，主要围绕系统重要性银行开展压力测试。

压力测试的流程基本相似。各国压力测试的实施流程相似，大致可以分为五个环节：确定压力测试的承压对象和承压指标、设定基础情景和压力情景、建立压力传导机制、计量压力因素对承压对象和承压指标的影响、对压力测试结果的分析和评估。

压力情景考虑各国国情。在各国的压力情景设定中，都选择了GDP、失业率、股票价格、利率等衡量经济运行情况的重要指标，但也依据各国不同的宏观经济特征、金融体系结构和特定的风险纳入了其他指标。例如，美国的CCAR压力测试中，压力情景指标还选择了房地产价格指数。

定量分析与定性分析相结合。用计量模型刻画风险因素对承压指标和承压对象的影响是十分有效的，能够客观、清晰地揭示金融系统在压力情景下的表现。但是，计量模型的假设、构造、变量选择和对计量结果的解释依赖于专家判断和决策，因此定性分析判断也很重要。例如，美国的CCAR压力测试就非常重视定性评估，而且在定性评估方面有更多的自由裁量权。其他各国的压力测试也都体现了定量分析与定性分析相结合的特征。

适时披露压力测试结果。目前，各国压力测试的方法、模型和数据样本基本可以在各国央行查询，但是压力测试的具体细节会根据不同的政策需要采取不同的方式披露。当压力测试结果能够稳定市场时可以披露压力测试细节；若压力测试结果涉及金融机构商业机密等，则减少对细节的披露。美国在2009年的SCAP压力测试中披露了压力测试的细节和结果，表明银行有足够的资本面对金融危机，有效提振了市场信心；在欧债危机恶化时，欧盟的压力测试就因情景设定过于宽松遭到市场质疑，反而不利于市场稳定。因此，压力测试结果的披露方式、披露细节还要因时制宜。

强有力的监管。压力测试是一项需要诸多部门、诸多人员配合，耗用人力物力较多的实践，压力测试的最终落脚点是有效的监测监管。对于不能通过压力测试的机构要采取措施督促其补充资本，例如美联储要求未通过压力测试的银行修改资本规划，在新的资本规划被核准前暂停股息分红、回购股票或发行新股。

第二节　国内银行业监管部门开展压力测试的实践

一、基本概况

2007 年以前，国内银行业压力测试总体尚处于起步和探索阶段，开展银行少，覆盖风险面窄，主要停留在技术层面。2007 年全国金融工作会议召开后，中国人民银行积极推动压力测试在金融风险监测和评估等领域的应用，商业银行压力测试体系逐步建立，压力测试结果也开始应用到风险管理和决策中去。2009 年 8 月，我国正式启动金融部门评估规划（FSAP），人民银行、银监会联合成立了压力测试工作小组，组织开展中国 FSAP 压力测试工作。2011 年底，人民银行成立金融稳定压力测试小组，从 2012 年起每年组织主要商业银行开展一次金融稳定压力测试，测试结果发布在中国金融稳定报告中。这一阶段，我国银行业压力测试的技术方法和体系不断完善，测试结果也越来越多地应用到风险管理和战略规划领域中，更加强调宏观层面的压力测试。

二、银行业压力测试的对象、方法和内容

（一）测试对象

中国人民银行组织开展的金融稳定压力测试中，银行业压力测试对象从开始的几家大型商业银行和股份制商业银行，到2015年起覆盖资产规模在5000亿元以上的所有大中型商业银行，测试对象范围不断扩大，测试对象资产总额在银行业金融机构总资产占比也不断提高。

（二）银行业压力测试的方法和内容

银行业压力测试以外部测试和内部测试两种形式开展。外部测试由中国人民银行根据商业银行提交的数据统一开展；内部测试主要考察单家或不同组别商业银行的风险状况，由各商业银行自行开展。银行业压力测试主要包括信用风险压力测试、市场风险压力测试、流动性风险压力测试；2019年以后增加传染性风险压力测试，覆盖的风险维度不断丰富。

中国人民银行进行偿付能力宏观情景压力测试来覆盖信用风险和市场风险，考察宏观经济下行对银行盈利和资本充足水平的不利影响；进行偿付能力敏感性压力测试考察特定风险冲击对银行整体资本充足水平的瞬时影响；进行流动性风险压力测试考察流动性状况恶化对银行现金流缺口的影响。

偿付能力宏观情景压力测试选择GDP增长率、M2增长率和CPI涨幅（2015年开始增加房价降幅，2018年增加政策性利率、短期及长期市场利率和人民币兑美元汇率）等压力指标来表征宏观经济下行的情景；偿付能力敏感性压力测试除整体信用风险外，还

对地方政府融资平台贷款等几个重点领域的信用风险进行评估，压力指标包括不良贷款率、损失率、收益率曲线变动等；流动性风险压力测试对不同表内资产、负债及或有融资义务分别设置不同的流入率或流失率，计算不同期限下的净现金流缺口，压力指标包括有价证券价格、不良贷款占比、存款规模、同业存款（拆入）规模（2016年增加同业资产转变为不良资产的比率）等。压力指标的冲击程度则综合参考有关经济金融专家的意见进行设定。

三、银行业压力测试的目的和应用

从中国人民银行防范系统性金融风险、维护金融稳定的角度出发，金融稳定压力测试的目的主要体现在：一是评估金融体系的整体抗风险能力；二是评估辖区内重要金融机构的稳健性；三是识别并重点关注辖区内高风险的金融机构；四是揭示辖区内突出的经济金融风险隐患。

与各个商业银行开展压力测试仅关注自身的稳健性不同，金融稳定压力测试更关注金融体系的整体稳健性，因此在开展过程中重点关注宏观经济金融形势变化、政策走向、区域经济金融发展形势以及有重要影响的金融机构等。

金融稳定压力测试可以有效增强评估、预警和防范系统性风险的有效性。所以，目前中国人民银行在维护金融稳定工作中使用压力测试工具主要体现在：一是在评估重大风险事件对金融机构冲击时，运用压力测试工具来判断事件对商业银行资产质量、流动性情况等的影响；二是在参与救助出现流动性风险的金融机构时，使用压力测试工具测算不同情景下需要的流动性再贷款；三是在维护央行债权安全时，利用压力测试工具评估金融机构经营稳健性及风险控制的有效性；四是在对房地产、地方融资平台等特定金融风险监测评估过程中，利用压力测试工具考察房价变动对房地产、地方融资平台相关贷款质量的影响程度。

第三节　国内证券业监管部门开展压力测试的实践

一、中国证券业协会推动证券公司自主开展压力测试

2011 年，中国证券业协会发布《证券公司压力测试指引（试行）》，通过协会自律监管的方式，督促证券公司定期自主开展内部压力测试，初步探索建立健全国内证券公司的压力测试机制。

二、中国证监会组织的关于证券经营机构的压力测试

中国证监会从 2016 年以来分别开展了证券基金经营机构常态化风险压力测试、重要性机构压力测试。

证券基金经营机构常态化风险压力测试。2016 年中国证监会发布《关于开展证券基金经营机构常态化风险压力测试工作的通知》，正式开展证券基金经营机构常态化风险压力测试工作。此后，每半年实施一次行业统一情景压力测试，由各机构根据统一设定的压力情景，自行开展压力测试并上报结果。

重要性机构压力测试。在开展证券基金经营机构常态化风险压力测试的同时，证监会要求中证资本市场运行统计监测中心（以下

简称中证监测）试点开展重要性机构压力测试。重要性机构压力测试是常态化压力测试工作体系中重要的一部分，每半年开展一次，测试范围已扩大至约 30 家机构。重要性机构压力测试采用自上而下的方法，与常态化压力测试相互补充、交叉验证。重要性机构压力测试还将 SRISK 机构风险指数纳入压力测试，衡量极端情境下机构的资本缺口，从资本缺口的角度考量机构应对风险的能力。

三、中证监测在股市压力测试方面所做的探索

2015 年、2016 年和 2018 年，中证监测根据证监会要求尝试开展了几次股市压力测试。2015 年的压力测试主要针对股指下跌的影响作了分析。对金融机构的影响方面，测算了股指持续下跌引发公募基金赎回及私募基金清盘的规模；根据银行和券商暴露在股市风险敞口的相关业务（如券商的融资融券业务，银行的股票配资业务等）计算股价连续 5 个交易日跌停且因流动性枯竭导致无法卖出的情况下券商和银行遭受的损失。对实体经济的影响方面，主要从上市公司融资能力、金融机构大幅亏损拖累 GDP 增速以及负的财富效应三个方面分析了股指持续下跌对实体经济的影响。2016 年的压力测试在三种压力情境下重点测算股市杠杆资金平仓规模。以 2016 年 1 月末为股指基准，在上证综指分别下跌 10%、20% 和 30% 三种压力情景下，测算出五种形式[1]股市杠杆资金的平仓规模，得到不同的业务模式在压力情景下平仓规模的特征，并分析股市杠杆资

---

[1] 具体指：融资融券、股票质押式回购、股票质押贷款、结构化资管产品（券商资管、基金专户和期货资管在内的偏股型结构化资管产品）和私募证券投资基金五类杠杆资金。

金平仓对券商和银行的冲击。但考虑到资金融入方会通过追加担保、加速偿还负债等多种方式避免平仓，实际平仓规模较小，对市场冲击不大。2018 年开展了基于多变量、多因素、多情景的股市综合压力测试。股市综合压力测试首先采用动态因子模型（DFM）测算主要宏观经济指标，从而生成轻度、中度、重度三种宏观压力情景，再计算出三种宏观压力情景对应的上证综指长期中枢，并叠加轻度、中度和重度悲观状态下投资者情绪使实际点位偏离中枢的程度，测算出压力情景下的 9 个股指点位。而后，股市综合压力测试详尽评估了不同压力证券公司、公募基金、私募基金及上市公司所承受的冲击和影响，估计了主要投资者在压力情境下可能的交易行为，并从风险跨市场传导的角度分析了压力情景下股市、债市等可能的交互影响。

第四节　股票市场压力测试与常见压力测试的异同及总体思路

我们于 2016 年至 2018 年间持续开展了几次股市压力测试，逐步完善了测试思路和方法，摸索形成了一套较为成熟的、能够体现多变量、多因素、多情景特征的综合性压力测试体系，能够实现对股市进行自上而下、由点及面的综合性压力测试，有利于摸清风险底数、防范系统性风险。

一、股市压力测试与常见压力测试的异同

股票市场压力测试与常见压力测试在测试主体方面有相似之处：在测试的总体原则上也都遵循"宏观审慎与微观审慎相结合、定量与定性并重、长期趋势与短期变化兼顾、综合考虑成本与效果、普遍规律与行业特性"等原则。在压力情景的设计方面，也都采取历史情景法、主观情景法、模型法及混合方法等。但是，在测试对象、压力因素、压力传导机制方面，两种压力测试差异较为明显。

测试对象和目的不同。在通常的压力测试中，测试的对象一般是金融机构（在宏观压力测试中可能是金融体系整体，在微观压力测试中可能是金融机构某项业务），测试的目的是评估金融机构的稳健性，包括盈利能力和整体抗风险能力，并为金融机构的资本规划和业务规划提供参考，服务于金融机构内部风险管理和金融监管部门宏观审慎管理。股票市场压力测试中，测试的对象是股票市场本身，测试的目的是评估股票市场在压力下可能产生的风险和扩散影响，并基于此做好关于稳定市场的政策和工具储备。

压力因素不同。在通常的压力测试中，围绕被测试的金融机构，压力因素一般是多方面的，可能包括信用风险压力因素、市场风险压力因素、流动性风险压力因素和操作风险压力因素等。在股票市场压力测试中，压力因素只有市场风险压力因素。

压力传导机制不同。在通常的压力测试中，需要将多个压力因素逐步传递到承压对象（即金融机构）上。在股票市场压力测试中，建立压力传导机制首先要考虑股票市场大幅波动对股市相关

主体及业务的影响，包括对证券公司主营业务的影响，对公募基金和私募基金的影响、对融资融券和股票质押业务的影响，等等；其次，还要考虑股票市场大幅波动对银行、信托、保险等机构的影响；最后需要考虑压力情景下风险跨市场传导的情况。

表 2-4 股市压力测试与常见压力测试的比较

	比较	常见压力测试	股票市场压力测试
同	测试主体	金融管理部门	
	测试的总体原则	宏观审慎与微观审慎相结合、定量与定性并重、长期趋势与短期变化兼顾、综合考虑成本与效果、普遍规律与行业特性等	
	压力情景的设计方法	历史情景法、主观情景法、模型法、混合方法	
异	测试对象	金融机构	股票市场
	测试目的	评估金融机构的稳健性，为金融机构的资本规划提供参考	评估股票市场在压力下可能产生的风险和扩散影响，并基于此做好稳定市场的政策和工具储备
	压力因素	多方面，包括信用风险压力因素、市场风险压力因素、流动性风险压力因素和操作风险压力因素等	市场风险压力因素
	压力传导机制	将多个压力因素传递到承压对象（即金融机构）上	从股票市场本身出发，分析股票市场风险如何传导并影响到其他多个主体和市场

二、股市压力测试总体思路

（一）基本概况

我们结合国内外压力测试的实践，并不断完善股市压力测试方法和实践路径，探索形成了关于股票市场压力测试的思路。

压力测试对象是我国股票市场，承压对象是股票市场，承压指标是上证综指。压力因素是宏观经济运行情况和投资者情绪。反映宏观经济运行情况的压力指标为 M2、PMI、工业增加值、美元兑人民币汇率、沪市上市公司总股本、道琼斯工业平均指数、非金融企业境内当月股票融资额、CPI、利率；反映投资者情绪的压力指标为上证综指成交额、沪市市盈率、两市两融交易占比、参与交易投资者数量增速。压力情景通过将三种宏观压力情景叠加三种投资者情绪悲观程度结合，构成九种经济—情绪压力情景组合。压力传导机制是，宏观经济下行叠加情绪悲观，影响股指估值中枢下移，进而对我国股市主要参与者、对债市和衍生品市场、对银行等金融机构、资管产品等带来损失。

（二）具体步骤

1. 设置宏观压力情景。经济下行压力加大将导致股指长期估值中枢下移，而投资者的悲观情绪往往会使股指实际点位进一步向下偏离中枢水平。我们从"三驾马车"的下行出发，测算出工业增加值、物价指数、利率、M2等其他主要宏观经济指标，从而生成轻度、中度、重度三种宏观压力情景。根据现实性和合理性，首先，对几个原始参数进行初始化设定。在轻、中、重度下行情景下，分别设定社会消费品零售总额同比增速、固定资产投资完成额累计同比增速、净出口同比增速、M2同比增速、银行间7天回购利率。其次，在初始参数设定完成后，需要选择其他宏观变量参与测算。本书模型选择的指标包括宏观统计指标、价格指数、宏观景气指数、金融指标四类共22个指标。最后，使用动态因子模型（DFM），根据现有学术文献和各国央行的压力测试实践，适当加入主观判断，完成在给定参数条件下的宏观压力基准情景测算。

2. 测算股指中枢。构建多因素模型，定量刻画用因子表征的各类宏观经济金融指标与股指估值中枢之间关系。在此基础上，将测算出的未来多种宏观情景下对应的宏观经济指标代入多因素模型，得到未来某一时点上证综指的估值中枢点位。

3. 构建投资者情绪模型。在宏观压力测算的基础上，再引入投资者情绪。首先，提取测试期上证综指收盘价、上证综指成交额、沪市市净率、两市两融交易占比、参与交易投资者数量增速等指标，对上证综指进行滤波分析后，得到其长期趋势项和短期扰动项，并以短期扰动项除以长期趋势项计算股指偏离度。其次，按从小到大排序后，将各指标前 12.5% 分位、12.5% 分位至 25% 分位、25% 分位至 37.5% 分位 3 个区间的均值水平，分别作为投资者情绪在轻度悲观、中度悲观、重度悲观状态下的取值。最后，利用拟合出的模型，测算出投资者情绪在轻度悲观、中度悲观、重度悲观情形下，股指向下偏离其中枢水平的程度分别为 2.08%、3.96% 和 7.76%。

4. 形成不同宏观压力情景及悲观程度下的股指点位。将轻度、中度、重度三种宏观压力情景与轻度、中度、重度投资者情绪悲观状态相叠加，测算出九种压力情景对应的股指中枢点位，完成股市在不同压力情景下的承压点位。

5. 分析压力情景下股市自身的风险状况及向其他主体的风险传导和影响。基于压力情景的股指点位，首先对证券公司、上市公司、杠杆资金等股市的自身风险状况进行评估；其次，对压力情景下风险跨股债、跨期限等跨市场传导的情况进行分析评估；再次，对压力情景下银行、信托和保险机构的影响进行评估；最后，对压力情景下资管产品的影响进行分析评估。

——证券公司。压力情景下，证券公司财务指标恶化是市场风险和信用风险的综合体现。主要亏损因素为经纪业务净收入和融资融券利息收入下滑、自营和资管投资特别是权益类投资损失、融资类业务违约产生的资产减值损失等。这将导致证券公司净资本降幅较大、可用稳定资金紧张、部分风控指标不符合监管标准、负债结构恶化等情况。

——上市公司。一方面，受国际经贸环境恶化影响，A股上市公司中海外业务收入出现损失；另一方面，国际贸易环境恶化持续加深，海外出口贸易业务受到影响。假设国际贸易环境恶化对上市公司海外业务影响程度分为轻度影响、中度影响、较为严重影响、全面影响四种情况。

——杠杆资金。尝试进行动态实验，还原"平仓—价格变化—进一步平仓"的恶性循环过程，测算市场动态走势。上证综指以轻度、中度、重度情景下跌时，因投资者持有股票市值下跌，造成投资者担保比例变动，进而每月产生一定的资金缺口、实际平仓金额和资不抵债金额。同时，丰富压力传递维度，测算压力传递过程在时间序列上产生的动态结果。

——跨股债市场。当上证综指下跌至不同压力测试点位情况下，同期中证全债净价指数会受到相应的影响。传导路径，一方面通过投资者调整资产配置而引发风险传导，包括安全资产转移效应和财富效应；另一方面通过股市融资功能与上市公司经营渠道，股市下跌将影响上市公司的偿债能力。

——跨期现市场。一方面通过信息渠道，假定市场上期货投资者与现货投资者获得相同信息。在现货价格承压的时候，期货同样承压，但现货由于涨跌停制度、T+1制度等，当日价格波动有限，期货端受到投资者价格预期和恐慌情绪等影响，可能承受更大的下跌压力，导致期货价格较现货深度贴水。另一方面通过业务渠道，当现货价格承压，流动性大幅下降，现货投资者在期货端的贴水幅度、开空量等承压指标将相应变化。同时，期货多头面临追加保证金压力，若追加保证金，可能会因为资金问题，导致现货市场进一步下跌。

——银行、保险等相关行业。银行业和保险业具有顺周期的特性，经营业绩很可能随经济下行而恶化，进而使其股价承压，成为大盘下跌的重要推手。与此同时，当某一家或某几家系统重要性金融机构因外部因素冲击而破产，进而在金融机构系统内部发生连锁传染，引发多米诺骨牌效应，最终导致整个金融机构系统崩溃或剧烈动荡，对实体经济产生严重负面影响，便产生了系统性风险。

——资管产品。在压力情境下，股指中枢下移，市场风险可能通过资管行业传导至其他领域。从市场风险看，持股比例较高的资管产品净值可能会大幅下降，进而给份额持有人带来较大损失。此外，从流动性风险看，一旦开放式产品面临短期大额赎回，可能会难以及时变现，引发产品、管理人及整个市场的流动性风险。公募基金和私募证券投资基金一般设有清盘机制，一旦触发将会在短时间内将持有的证券全部卖出并进行清算，给市场带来较大的抛售压力。

（三）特点

从上述股市压力测试的思路和步骤看，具有四个明显的特点：

多变量：股市的压力情景和压力传导机制非常复杂，相关的变量有很多。在建模时就尽可能把相关变量考虑周全，囊括了经济基本面、货币政策面、投资者情绪面、市场资金面的多维度信息，以求准确刻画出压力情景及其传导过程。其中，宏观压力情景模型含有 22 个指标；该模型结果中的景气度、物价、利率等 6 个宏观变量，连同衡量股票供求关系及跨境联动的 3 个变量，共同作为股市中枢模型的输入变量；投资者情绪模型则包含两融交易占比、市净率等 5 个自变量。通过综合考虑上述变量，压力情景和传导更加贴近现实，避免过多的主观性。

多因素：股市压力测试中的压力因素实质上是市场风险的各种诱因。这些诱因可以分成以下几类：一是周期性因素，如经济周期、金融周期、股市的牛熊周期等；二是事件性因素，如战争、瘟疫、自然灾害、地缘政治等；三是政策、微观交易结构、交叉联动等其他因素。从度量股票内在价值的经典模型（如 DCF、DDM 等）中可知，影响股价走势的因素分为基本面、政策面、情绪面和资金面多个层面。股市压力测试综合考虑了上述因素，分析研究也更加全面。本书中所使用的案例，聚焦于国内经济下行压力加大叠加国际贸易环境恶化给 A 股基本面和情绪面等因素带来的冲击，体现了多因素的特性。

多情景：股市压力测试对宏观经济设定了轻、中、重度三种下行情景，通过叠加情绪面的影响（市场情绪设定了轻、中、重度三种悲观情景），因此共有 9 种（3 种 ×3 种）压力情景组合，更加贴合市场运行实际。当然，压力情景的设定可以是多种多样的。以新冠肺炎疫情冲击为例，仅此一项压力因素，便可根据疫情的持续时间、蔓延的范围、政府的管控力度等设定多个压力情景。此外，压力情景也可以是动态的，例如可以假定原油减产谈判先破裂再达成协议，等等。

综合性：股市压力测试是对股市各类参与者在压力情景下的损失和潜在影响进行的完整、全面的评估，因而是综合性的。从市场主体看，囊括了上市公司、中介机构和投资者三类主体。从影响看，既分析了市场主体自身所受冲击的程度，又考察了可能的外溢效应和风险传导。例如，股市承压会增加上市公司股票融资难度，进而可能加剧高负债上市公司的信用风险；又如，投资者在股市中遭受亏损可能会通过财富效应抑制居民消费；再比如，专业机构及资管产品在股市大幅亏损可能通过其跨市场资产配置及相互间的交叉持有将股市的市场风险传导到其他市场和其他金融领域。

第三章　股市压力测试的
宏观压力情景设置

　　所谓"宏观压力情景"，指的是当宏观经济出现风险时，各经济指标潜在的运行区间。设置宏观模型的主要目的，是基于"股指的长期趋势由经济基本面决定"这一思想，通过定性化的主观判断，结合定量化的数理模型，拟合出极端风险下宏观经济的运行状态。同时，引入利率、M2 等指标，将货币政策一并纳入压力情景设计中，统筹考虑了政策面的部分影响。此外，在确保初步测算结果的逻辑关系具有一致性的基础上，结合经济理论和现实需求，在原有的宏观情景基础上进行修正和微调，以使得相应结果更贴近真实情况。

　　拟合流程设计上，为了提高压力情景设置的科学性，并兼顾前瞻性和灵活性，运用混合设定法，即综合运用历史情景、模型测算和主观判断法来设定压力情景。通过不同方法间的互补，将各方法的不足之处降至最低。具体操作上，首先，我们结合经济学文献、宏观数据分布及其演化趋势，筛选出若干具有核心地位的外生变量，并设置多个压力档位，在不同档位下给这些外生变量赋以合理的数值；其次，将完成赋值后的外生变量导入测算模型，推算在给定外生变量数值的情况下，其他内生宏观经济变量的对应数值；最后，结合现实需要，对测算结果进行修正和微调，确保最终设置的宏观情景是合意的。

第一节　指标选择与设定

一般而言，当宏观经济下行压力加大时，股指的长期中枢存在下移趋势。考虑到目前国内市场主要投资者对 GDP 等季度低频宏观数据的变动已有所钝化，而更多关注投资、消费、出口等月度数据和分项数据，我们从拉动经济增长的"三驾马车"出发，将消费、投资和出口这三个产出类宏观指标，以及利率、M2 这两个货币供应指标，定为外生变量。在此基础上，采取差异化假设方案，共设置轻度、中度、重度三档宏观压力情景，以充分考虑和衡量不同压力情景下宏观经济面临的下行风险。随后，基于上述外生变量的设定结果，结合定量化的经济模型，在遵循各指标间隐含的经济学关系和统计规律的前提下，测算出工业增加值、物价指数等具有内生性的宏观指标承压时的具体数值。先设定外生变量、再处理内生变量的测算方法，优势在于可确保变量不重复、不遗漏，并尽量不破坏宏观变量之间的经济逻辑联系。

在对外生变量进行初始化设定时，需要兼顾现实性和合理性。例如，消费方面，考虑到近年来国内就业压力上行、居民可支配收入增速下滑、资本市场波动带来居民财富缩水、居民杠杆率攀升对消费形成挤出等因素影响，社会消费品零售总额的同比增速可能会持续下行。投资方面，需全面考虑当前基建投资托底力度有限、

"房子是用来住的、不是用来炒的"定位下房地产投资增速缺乏上行空间，以及制造业投资增速有可能持续下滑等情况，确保充分拉开各压力情景档次里投资增速的中枢区间。出口方面，当前国际贸易格局发生了深刻的变化，随着全球经济增长持续放缓，外需疲软或将长期化。在设定出口增速中枢时，需充分考虑外贸面临问题的复杂性和严峻性，充分预计出口面临的下行风险及其放缓程度。货币供应方面，考虑到去杠杆持续推进、同业存单刚兑的打破引致信贷下滑等因素，我们预计 M2 同比增速将从高位有所回落。同时，考虑到资金需求的潜在下滑和货币政策为稳增长执行逆周期调节带来的边际宽松，短端利率也可能存在下降趋势。

在完成外生变量的设定后，接下来即可进行内生宏观变量数值的测算工作。选择的内生宏观指标包括真实产出的统计类指标、价格指数、景气指数、金融指标等四类共 22 个指标。其中季度指标 3 个，月度指标 19 个，各指标数据来源均为国家统计局和中国人民银行等权威机构。在进行一定的数据插补以及调整后，将所有宏观数据以绝对数（价格指数以定基指数为准）的形式引入计算流程，并执行统一的数据预处理，包括季节调整、对数差分等操作。

压力测试所涉及的内生变量被分成了两种类型：一是以真实值代入模型进行计算的真实指标，包括经济统计指标和景气指数等；二是以名义值代入模型进行计算的指标，主要包括各类价格指数。在测算过程中，由于名义因子综合纳入了所有价格信息，所以也可被称为广义价格指数。

在划分外生和内生变量的基础上，区分名义变量和真实变量十分必要。因为在进行内生宏观变量测算时，必须遵循的总体性原则是：宏观经济的运行应满足古典二分法假说。具体而言，在内生变量的计算中，拟合价格指数和真实产出的数值时，应分别建模、单独计算。究其原理在于，宏观经济学中的名义因子（也被称为价格因子），不会对真实产出（实际因子）造成影响。因此，为了确保计算时除少数全局性因子外，价格指数只与名义因子相关、真实产出只与实际因子相关，压力测试用到的所有宏观指标都应进行价格缩减和折实化处理。

为便于理解和使用，我们将股市压力测试宏观情景设定涉及的指标及预处理方式，整理如表3-1所示。

表3-1 指标选择与预处理方式

指标频率	指标类型	指标名	预处理前名义/实际	预处理方式			预处理后名义/实际
				价格调整	季节调整	对数差分	
季度，插值到月度	价格指数	固定资产投资价格指数 FAIPI	名义	–	√	√	名义
		消费物价指数 CPI	名义	–	√	√	名义
		零售物价指数 RPI	名义	–	√	√	名义
		工业出厂价格指数 PPI	名义	–	√	√	名义
		进口价格指数	名义	–	√	√	名义
		出口价格指数	名义	–	√	√	名义
月度	宏观经济指标	工业增加值 IP	实际	–	√	√	实际
		社会消费品零售总额 CONS	名义	CPI	√	√	实际
		固定资产投资 INV	名义	FAIPI	√	√	实际
		出口 EX	名义	EXPI	√	√	实际
		进口 IM	名义	IMPI	√	√	实际
	宏观景气指数	消费者信心指数 CCI	实际	–	√	√	实际
		宏观景气一致指数 BCI	实际	–	√	√	实际
		制造业采购经理人指数 PMI	实际	–	√	√	实际

续表

指标频率	指标类型	指标名	预处理前名义/实际	预处理方式			预处理后名义/实际
				价格调整	季节调整	对数差分	
月度	金融指标	广义货币 M2	名义	–	√	√	名义
		金融机构：各项贷款余额 LOAN	名义	–	√	√	名义
日度，按月取平均		人民币名义有效汇率指数 RMBEXC	名义	–	√	√	名义
		10 年期国债收益率 TB–10Y	名义	–	√	√	名义
		7 天回购利率 REPO–7	名义	–	√	√	名义
季度	宏观经济指标	国内生产总值 GDP	实际	–	√	√	实际
	宏观景气指数	企业家信心指数 ENT	实际	–	√	√	实际
		银行家宏观经济信心指数 BANKER	实际	–	√	√	实际

在完成了初始参数设定和基础数据处理后，即可着手开始宏观压力情景测算模型的建立工作。

第二节 测算模型的建立与拟合

在完成变量选择和赋值后，着手建立与变量数据相适应的数理模型。建模质量将直接影响压力测试宏观情景的设置质量，因此在建模时需充分考虑多方面因素。本节将介绍在开展股市压力测试工作时，建模方面所考虑的几点问题，以及解决方案及其原理。

一、建模前需考虑的问题

我们主要应用动态因子模型（Dynamic Factor Model，DFM）和混频数据（MIxed DAta Sampling，MIDAS）框架，实现压力情景的设定。这样做的优点主要有二。

一是动态因子模型较一般模型能容纳更多变量，损失的数据信息较其他方法更少。传统的模型只能处理少量的自变量，比如向量自回归模型最多仅能处理 10 个以下的自变量，而若删减自变量则会损失一部分数据信息。动态因子模型则是将所有信息都纳入框架，通过组合去噪的方式，抓住影响数据变化的主要因素，再以此对因变量进行预测。通过聚焦核心矛盾，动态因子模型能够有效适应多变量、多情景的内生变量测算工作。

二是混频数据框架能将不同频率的宏观数据统一到同一个方程，有利于实现统一化计算。在统计学意义上，宏观指标的数据频率不尽相同，季度、月度、周度和日度数据同时存在，而如何将这些不同频率的数据纳入统一的框架进行回归计算，是普通计量经济方法无法解决的难题，但混频数据框架能有效解决这个困难。混频数据框架通过对低频宏观数据的固有分布进行假定，并基于滞后回归拆解法，实现数据升频；对高频宏观数据则进行分类汇总，完成数据降频。这样处理的优势在于，可以将不同频率的数据纳入同一个方程进行测算，避免设置冗余方程，造成计算结果互相矛盾。

在建模过程中，还需要考虑如何以恰当的形式引入数据等问题。在进行预测前，应对各宏观指标进行季节调整；对于部分名义指标，还应做价格缩减，将其转换为实际值。此外，由于对数增长率相比百分比增长率，具有更好的数学性质，并且二者在统计区间较短时互为等价无穷小量，因此基于对数增长率建模是更好的选择。

二、预测方法简述

本节介绍动态因子模型和混频数据框架的原理。动态因子模型的核心思想是，假定一组可观测的经济变量 Y 的波动都由一个共同因子 C 和各自的随机扰动 u 决定，且共同因子 C 的波动可以是影响可观测指标 Y 波动的主要因素，那么这个不可观测的共同因子就是我们需要的指标。如果进一步假设共同因子 C 对可观测指标 Y 的影响以及共同因子 C 自身的变动都是自回归形式的，其自回归形式由滞后多项式 $\gamma(L)$ 和 $\varphi(L)$ 决定，那么其可以表述为式（3-1）。

$$Y_t = \beta + \gamma(L)C_t + u_t$$
$$\varphi(L)C_t = \delta + \varepsilon_t$$

（3-1）

其中，估计获得的共同因子 C 将用于经济变量后续预测。

解决混频数据问题主要基于 MIDAS 框架。MIDAS 的基本思想类似于分布滞后模型，即在变量拆分时，假设其系数服从某种滞后结构。在实际应用中，一般还会在模型中引入因变量的自回归项，这类模型称为 MIDAS-AR 模型，其基本形式如式（3-2）所示。

$$y_t^L = c + \sum_{i=1}^{p} \alpha_i y_{t-i}^L + \sum_{k=0}^{q} \beta_k \sum_{j=0}^{N-1} \gamma_{k,j} x_{t-k-j/N}^H + \varepsilon_t^L$$

（3-2）

其中上标 H 和 L 分别代表高频和低频数据，N 代表每个低频区间中高频数据的个数，p 代表自回归阶数，α_i 为自回归系数；q

代表高频自变量的滞后阶数，$\gamma_{k,j}$ 为高频回归系数，满足约束条件（3-3）。

$$\gamma_{k,j} = g_k(j \mid \theta_k) \tag{3-3}$$

$g_k(j \mid \theta_k)$ 可以有多种结构，常用的有 beta 函数、阿尔蒙多项式和指数阿尔蒙多项式等形式，其中 m 阶阿尔蒙多项式权重函数如式（3-4）所示，θ_k 为超参数。

$$g_k(j \mid \theta_k) = \theta_{k,1}j + \theta_{k,2}j^2 + \cdots + \theta_{k,m}j^m \tag{3-4}$$

三、建立模型并执行测算

在进行宏观压力情景设定时，将因子分为三类：全局因子、名义因子和实际因子。我们假设全局因子驱动所有的变量，名义因子和实际因子分别只驱动名义变量和实际变量。若将月度指标集用向量 X 表示，则按照预处理后名义和实际变量的划分，可分为名义变量集 X^N 和实际变量集 X^R，则因子模型的信号方程写为如下的矩阵形式：

$$\vec{X}_t = \begin{pmatrix} \vec{X}_t^N \\ \vec{X}_t^R \end{pmatrix} = \vec{\mu} + \Lambda \vec{f}_t + \vec{\varepsilon}_t$$

$$\vec{\mu} = \begin{pmatrix} \vec{\mu}^N \\ \vec{\mu}^R \end{pmatrix}, \quad \Lambda = \begin{pmatrix} \Lambda_{N,G} & \Lambda_{N,N} & 0 \\ \Lambda_{R,G} & 0 & \Lambda_{R,R} \end{pmatrix}, \quad \vec{f}_t = \begin{pmatrix} f_t^G \\ f_t^N \\ f_t^R \end{pmatrix} \tag{3-5}$$

对于信号方程的残差 ε_t，假定其相互独立地各自满足一个 AR（1）过程，即：

$$\begin{aligned} \varepsilon_{i,t} &= \alpha_i \varepsilon_{i,t-1} + e_{i,t} \\ e_{i,t} &\sim i.i.d. N(0, \sigma_i^2) \end{aligned} \tag{3-6}$$

对于状态变量，假设其演化方程为三个相互独立的 AR（1）过程，可以以对角 VAR（1）的形式表示为：

$$\vec{f}_t = A\vec{f}_{t-1} + \vec{u}_t$$

$$A = \begin{pmatrix} a_G & 0 & 0 \\ 0 & a_N & 0 \\ 0 & 0 & a_R \end{pmatrix}, \quad \mathrm{cov}(\vec{u}_t) = \begin{pmatrix} q_G & 0 & 0 \\ 0 & q_N & 0 \\ 0 & 0 & q_R \end{pmatrix} \qquad （3-7）$$

随后建立虚拟的月度变量。

$$\vec{Y}_t^Q = \vec{Y}_t^M + \vec{Y}_{t-1}^M + \vec{Y}_{t-2}^M \quad t = 3, 6, 9, 12, \cdots \qquad （3-8）$$

定义季度加总变量 $\vec{Y}_t^Q$ 和不可观测月度成分变量 $\vec{Y}_t^M$ 的对数增长率分别为 $\vec{y}_t^Q$ 和 $\vec{y}_t^M$，即：

$$\begin{aligned} \vec{y}_t^Q &= \nabla \log(Y_t^Q) \\ \vec{y}_t^M &= \nabla \log(Y_t^M) \end{aligned} \qquad （3-9）$$

按照月度变量的框架，由季度变量拆分成的不可观测月度成分变量的对数增长率。考虑到本书的季度变量都是实际变量，因此 $\vec{y}_t^M$ 只与全局因子 f_t^G 和实际因子 f_t^R 有关，即得到了式（3-10）。

$$\vec{y}_t^M = \vec{\mu}^Q + \Lambda^Q \vec{f}_t + \vec{\varepsilon}_t^Q$$

$$\Lambda^Q = \begin{pmatrix} \Lambda_{R,G}^Q & 0 & \Lambda_{R,R}^Q \end{pmatrix}, \vec{f}_t = \begin{pmatrix} f_t^G \\ f_t^N \\ f_t^R \end{pmatrix} \qquad （3-10）$$

同样假定季度变量信号方程的残差 $\vec{\varepsilon}_t^Q$，相互独立地各自满足一个 AR（1）过程，即：

$$\begin{aligned} \varepsilon_{i,t}^Q &= \alpha_i^Q \varepsilon_{i,t-1}^Q + e_{i,t}^Q \\ e_{i,t}^Q &\sim i.i.d.N(0,(\sigma_i^Q)^2) \end{aligned} \qquad （3-11）$$

同时，对于季度变量的对数增长率 $\vec{y}_t^Q$，在月度框架下，仅为一个季末月份有观测值的部分可观测变量，即：

$$\vec{y}_t^Q = \log(Y_t^Q) - \log(Y_{t-3}^Q)，\quad t=3, 6, 9, \cdots$$

$$\vec{y}_t^Q = \log(Y_t^Q) - \log(Y_{t-3}^Q) \approx \vec{y}_t^M + 2\vec{y}_{t-1}^M + 3\vec{y}_{t-2}^M + 4\vec{y}_{t-3}^M + \vec{y}_{t-4}^M，\quad t=3, 6, 9, \cdots$$

$$（3-12）$$

在选择参数估计的方法上，使用 BFGS 算法来优化极大似然函数。考虑到模型估计的复杂性，将参数估计分两阶段进行。第一阶段，估计全部月度变量构建的因子模型参数；第二阶段，将季度变量加入上述因子模型，但将月度模型参数用第一步估计出的估计值代替，减少参数量，并由此得到模型所有参数的估计。

在模型构建完毕后，即可进行内生变量在三档情景下的数值拟合测算工作。测算分四步：（1）将模型拟合的对数增长率预测值还原为绝对数的预测值。（2）将绝对数的预测值进行季节还原。（3）对于进行过价格调整的变量，执行价格还原，获得名义预测值。（4）计算同比增速。

采用"动态因子模型 + 混频数据框架"的内生变量测算方案，具有独特的优越性。除了数据容量大的优点外，其最大优势在于，可以确保所有的测算工作都基于相同的假设和同一个数学模型进行。此外，由于测算时，所有变量都由共同因子驱动、各因子的权重相等，因此输出的变量数值不存在明显的因果关系，测算结果具有完备性和独立性。

但是，仅依靠上述模型的输出结果来假定宏观情景，不免仍存在不足，主观判断和调整依然必不可少。主要原因在于，在进行内生变量数值测算时，存在共同因子对各变量的解释程度强弱不均的现象，这就导致了模型输出的结果未必是完全合意的。一方面，在部分金融指标中，某些信号方程共同因子的系数并不显著。另一方面，模型引入了解释变量的滞后方程，部分内生变量仅是基于自回归移动平均模型的计算，获得了基础性结果。

　　从现有学术文献和各国央行压力测试的实践看，对宏观情景的模型测算结果进行主观性修正，是完善压力情景设置的重要步骤。但是，结果的修正并不是随意进行的，而是要遵循客观规律，符合一些普适性的经济学定理。

第三节　预测结果的修正

　　本章前两节的内容，已介绍宏观压力情景设置的原理和初步测算方案。本节将介绍在基于模型测算结果的主观修正过程中，应当遵循的基本原理和相关注意事项，主要包括通胀、利率和汇率数据的修正原则。

　　一是对通胀数据进行调整时，需遵循货币数量论中的货币数量方程。货币数量论认为，货币数量、物价和货币价值的变动存在着普遍联系。其核心思想是，在其他条件不变的情况下，物价水平的高低和货币价值的大小由一国的货币数量所决定。货币数量增加，物价随之上涨，货币价值随之下降，反之亦然。具体看，理论涉及的物价指数 P、货币流通速度 V、货币供应量 M 和真实产出之间 Y 应满足货币数量方程 $MV=PY$。对方程两边取微分，并假定短期内货币流通速度不变，可推导得出 $\Delta P/P=\Delta M/M-\Delta Y/Y$，即物价指数的变动速度大致等于流通中货币供应量的变动速度减去实际产出的变动速度。在对通胀数据进行主观修正时，应确保 CPI、M2 和实际 GDP 同比增速三者之间满足这一规律。

二是实际利率与名义利率之差需满足价格缩减关系。名义利率是指央行或其他提供资金借贷的机构所公布的、未调整通货膨胀因素的利率，即利息的货币额与本金的货币额的比率。实际利率是指剔除通货膨胀率后储户或投资者得到利息回报的真实利率。在理论上，实际利率应大致等于名义利率减去物价指数的变动。值得注意的是，在实际中，0 并非是实际利率的硬约束下限。国际经验表明，在经济下行压力较大且通胀上行压力扩大时，实际利率可能会降至 0 值以下。因此，在进行宏观压力情景测算结果调整，尤其是在测试极端压力情景时，可考虑将实际利率调整至负区间，同时应注意保持 CPI 和名义利率的数值变化，满足与实际利率三者间的价格缩减关系。

三是汇率的调整需遵循购买力平价或利率平价理论。在国际汇率决定论中，购买力平价和利率平价是相对常见的理论，主观修正时应注意灵活采用。购买力平价理论认为，两国货币的汇率取决于两种货币在各自国内的购买力之比。当两种货币都发生通货膨胀时，名义汇率将等于原先的汇率乘以两国通货膨胀率之商。该理论的公式表达为：$R_a=P_a/P_b$ 或 $P_a=P_b \times R_a$，其中 R_a 代表本国货币兑换外国货币的汇率，P_a 代表本国物价指数，P_b 代表外国物价指数。利率平价理论认为，远期差价是由两国利差决定的，远期汇率的升水、贴水率约等于两国间的利率差异，并且高利率货币在远期市场上必定贴水，低利率货币在远期市场上必为升水。在没有交易成本的情况下，远期差价等于两国利差。利率平价理论还可分为无抛补利率平价和抛补的利率平价两种，此两者的不同之处在于对投资者的风险偏好所做的假定上。

以上提供了一些主观调整的原则和方法。在完成对模型测算结果的修正后，股票市场压力测试的宏观情景设置工作便基本完成。

第四节　应用示例

本章前三节已完整介绍了股票市场压力测试的宏观情景设置方法和原理。为便于理解、增强本书的操作性和实践性，这一节将通过举例，展示宏观情景设置操作的流程和原理。

假定预计经济出现一定幅度的下行，可选定压力测试情景时间为某案例年[①]二季度末（或案例年 6 月底，案例年不特指某一年），在该时点设定三档宏观压力情景，分别是轻度下行、中度下行和重度下行，并给每档情景对应的外生宏观变量赋予初始化数值。外生变量分为实体类外生变量和货币类外生变量，其中前者包括社会消费品零售总额同比增速、固定资产投资完成额的累计同比增速、出口同比增速，后者包括 M2 同比增速和银行间 7 天回购利率。

具体数值设置上[②]：消费方面，为充分区分不同档位的压力

――――――――――

①为方便读者理解压力测试这一复杂过程，本书以案例年相关数据为例。具体时间假定为案例年二季度，假定由于国际经贸环境突变、国内经济面临较大下行压力、上市公司业绩下滑等重大影响，股票市场面临较大冲击和下滑。案例年不特指某一年，案例年二季度初（或 3 月末）为起点，案例年二季度末（或 6 月末）为终点。

②为方便比较和理解，设定宏观指标数值时选取整数值。

环境，合理估计宏观经济下行压力对居民消费支出的影响，将轻、中、重度下行情景下社会消费品零售总额的同比增速分别设为 7.0%、6.0% 和 5.0% 三档。投资方面，考虑到经济增长放缓时期，私人部门投资承压以及公共财政对投资的托底，投资增速整体不宜设置过高或过低，而应保持在一定区间，我们将固定资产投资完成额的累计同比增速，对应设为 4.0%、3.0% 和 2.0% 三档。出口方面，考虑到贸易格局的变化和外需潜在的下行压力，将出口的同比增速设成 −10.0%、−20.0% 和 −30.0% 三档。货币供应方面，在轻、中、重度下行情景下，M2 同比增速分别假定为 7.5%、6.5% 和 5.5%。资金成本方面，将轻、中、重度下行情景下银行间 7 天回购利率分别设为 2.0%、1.5% 和 1.0%。

随后，将上述外生变量数值代入本章第二节所介绍的数学模型执行回归测试，获得内生变量在三档压力情景下的对应数值。

在对模型计算结果进行主观修正时，通胀、利率和汇率数据可在前文介绍的理论基础上，根据实际需求进行上浮和下修。根据经济形势和通胀水平变化，假设了一种"类滞胀"的情景，小幅上修通胀、下修利率。需要特别指出的是，在进行汇率调整时，推荐基于抛补利率平价理论来修正数据。这是因为，其他理论（例如购买力平价理论）是更为长期的理论假说，而汇率短期变化未必符合这些理论。同时，现有的文献和国内学者的研究表明，抛补利率平价理论更符合中国国情，适用性更强。在修正时，应注意满足理论的基本原则，即汇率和利率满足方程 $(f-e)/e=i-i^*$。其中，e 和 f 分别为即期和远期汇率，i 和 i^* 分别为两国利率水平。我们主要考察中美两国间的平价关系，即认为均衡的人民币汇率贬值幅度大致等于中美利差收窄的幅度。同时，考虑到现实汇率和理论汇率存在客观偏差，因此还需予以汇率一定范围的偏离容忍度，将偏离程度上限设定为 5%。

　　在综合考虑了股票市场压力测试应有的极限性和合理性，并经过主观调整后，最终确定三档宏观经济压力情景，分别为轻度下行、中度下行和重度下行，各情景对应的指标数值如表 3-2 所示。

表 3-2　宏观经济下滑的三种情景 [①]（单位：%）

压力情景	消费同比	投资同比	出口同比	工业增加值同比	M1同比	M2同比	CPI同比	银行间 7 天回购利率	PMI	人民币汇率
轻度下行	7.0	4.0	−10	5.45	5.6	7.5	2.2	2.0	45.0	7.1
中度下行	6.0	3.0	−20	3.72	4.8	6.5	2.3	1.5	42.0	7.2
重度下行	5.0	2.0	−30	1.84	3.2	5.5	2.5	1.0	37.0	7.3

　　至此，已完成股票市场压力测试的宏观情景设置的所有基础性工作。基于分档测算的宏观压力情景，即可进行股票市场指数在各压力环境下的中枢值测算工作。

---

　　① 铺灰底数值为预先设定的外生变量。

第四章　股指估值中枢测算

　　股指的长期趋势由基本面决定，短期波动则主要受情绪面影响。经济下行压力加大将导致股指长期估值中枢下移，而投资者的悲观情绪往往会使股指实际点位进一步向下偏离中枢水平。在上一章中，我们从宏观经济"三驾马车"的下行出发，使用动态因子模型（DFM），测算出工业增加值、物价指数、利率、M2等其他主要宏观经济指标，从而生成轻度、中度、重度三种宏观压力情景。在本章，我们将采用多因素模型，计算出三种宏观压力情景对应的上证综指估值中枢。同时，引入投资者情绪，测算出轻度、中度、重度悲观状态下上证综指长期中枢的潜在区间。在此基础上，将三个中枢点位与三个偏离程度相叠加，测算出九种经济——情绪压力情景组合各自对应的上证综指估值中枢点位。

第一节　相关方法介绍和理论基础

一、HP 滤波法

　　股指的中长期走势一直以来广为市场各方关注，也是我们开展股市压力测试研究的重点，其中最为关键的一点便是股指中长期走势或者说股指长期估值中枢如何刻画。基于我们的分析框架，拟采用 HP 滤波法提取出上证综指的长期趋势项，用以表征和刻画股指的长期估值中枢，这种方法被广泛地应用于对宏观经济趋势的分析研究中。

HP 滤波法是由 Hodrick 和 Prescott 于 1980 年在分析美国战后的经济景气时首先提出的，他们认为经济变量既不是永远不变也不是随机变动，其趋势是缓慢变动的，便采用了对称的数据移动平均的方法原理设计了一个滤波器，将变化不定的时间序列数据中具有一定趋势变化的平滑序列分离出来，于是时间序列数据就被分为趋势成分数据和周期波动成分数据这两部分，具体而言：

设 $\{Y_t\}$ 是包含趋势成分和波动成分的经济时间序列，$\{Y_t^T\}$ 是其中含有的趋势成分，$\{Y_t^c\}$ 是其中含有的波动成分，则

$$Y_t = Y_t^T + Y_t^c, \ t = 1, 2, \cdots, T \tag{4-1}$$

HP 滤波的核心思想就是从 Y_t 中将 Y_t^T 分离出来。一般地，时间序列 $\{Y_t\}$ 中的不可观测的趋势成分 $\{Y_t^T\}$ 常被定义为使下面损失函数 M 取值最小的解（满足条件的一系列 Y_t^T 的取值）：

$$\min(M) = \min\left\{ \sum_{t=1}^{T}\left(Y_t - Y_t^T\right)^2 + \lambda \sum_{t=1}^{T}\left[\left(Y_{t+1}^T - Y_t^T\right) - \left(Y_t^T - Y_{t-1}^T\right)\right]^2 \right\}$$

$$\tag{4-2}$$

其中，多项式（4-2）大括号中的第一部分度量的是趋势成分对实际序列的"跟踪程度"，第二部分度量的是趋势成分的"平滑程度"，正数 λ 则称为平滑参数，用以调节两者的权重。实际上，HP 滤波方法的一个重要问题就是平滑参数 λ 的取值，不同的 λ 值

即不同的滤波器，决定了不同的周期方式和平滑度，反映的是趋势要素对实际序列的"跟踪程度"和"光滑程度"之间权衡。

通常而言，参数 λ 需要先验地给定。当 $\lambda=0$ 时，则 HP 滤波退化为最小二乘法，此时欲要损失函数 M 取得最小值，只有 $Y_t^T=Y_t$，即 $\{Y_t\}$ 序列就是 $\{Y_t^T\}$ 序列本身；当 λ 值不断变大时，估计趋势中的变化总数相对于序列中的变化减少，即 λ 值越大，估计的趋势越光滑；当 λ 趋于无穷大时，估计的趋势将接近线性函数。这是因为：此时欲要损失函数 M 取得最小值，即要使式（4-2）第二部分趋于 0，亦即 Y_{t+1}^T 和 Y_t^T，Y_t^T 和 Y_{t-1}^T 之间应该足够接近（差接近于 0），既然要足够接近，那就应该接近分布在一条直线上。

实际上，在处理不同频率数据时，经济学界对 λ 的取值则有较大分歧。例如，在处理季度数据时经济学家基本达成了共识——沿用 Hodrick 和 Prescott（1980，1997）采用的 1600 这一取值。但是，在处理年度数据时，经济学家对 λ 的取值则有较大分歧。Backus 和 Kehoe（1992）认为平滑参数 $\lambda=100$，这也是计量分析软件 Eviews 的默认值；Correia，Neves 和 Rebelo（1992），Cooley 和 Ohanian（1991）认为 λ 的取值应该为 400；Baxter 和 King（1999）的研究表明 $\lambda=10$ 更合理；Ravn 和 Uhlig（2002）认为 λ 应该是观测数据频率的 4 次方。经验地，我们结合已有理论和实践，将常用的不同频率下 λ 的取值总结如下：

$$\lambda=\begin{cases}100，\text{年度数据}\\1600，\text{年度数据}\\14400，\text{年度数据}\end{cases} \qquad (4\text{-}3)$$

二、主成分分析法

基于 HP 滤波法刻画出的股指估值中枢，分析影响股指估值中枢走势的因素时，实际上会遇到很多变量，在如此多的变量之中，又有很多是高度相关甚至存在多重共线性，而我们希望仅通过找出它们中的少数"代表"即可实现对其较为全面的描述。基于这种降维的思想，我们可以借助主成分分析、因子分析、典型相关分析、偏最小二乘回归等统计方法。

主成分分析（PCA）也称为主分量或主轴分析，是一种通过降维来简化数据结构的方法，即通过把多个变量（如 p 个变量）转化为少数几个互不相关的综合变量用以代替原来变量，而这几个综合变量又可以反映原来多个变量的大部分信息，即通过降维达到简化数据的目的，以突出主要矛盾。

从代数观点看，主成分分析数学上的处理就是将原来 p 个变量作线性组合作为新的综合变量，并且依据新的综合变量（因子）所含信息量的大小，分为第一主成分、第二主成分等，其中主成分可理解为原始变量的最优加权线性组合[1]。

从几何观点看，这些线性组合正是把由 $X_1, \cdots, X_p$ 构成的坐标系经旋转而产生的新坐标系，新坐标系轴使之通过样本变差最大的方向（或者说具有最大的样本方差）。

为了方便，我们在二维空间中讨论主成分的几何意义：

---

[1] 所谓最优加权，即对于第一主成分，寻找原始数据的一个线性组合，使之具有最大方差（数据离散度最大的方向）；对于第二主成分，寻找原始数据的一个线性组合，使之具有次大方差，且与第一主成分无关。

设有 n 个样本，每个样本有两个观测变量 X_1 和 X_2，在由变量 X_1 和 X_2 所确定的二维平面中，n 个样本点所散布的情况如图 4-1（a）中的椭圆状，可以看出这 n 个样本点无论是沿着 X_1 轴方向或 X_2 轴方向都具有较大的离散性，其离散的程度可以分别用观测变量 X_1 的方差和 X_2 的方差定量地表示。显然，如果只考虑 X_1 和 X_2 中的任何一个，那么包含在原始数据中的经济信息将会有较大的损失。如果我们将 X_1 轴和 X_2 轴先平移，再同时按逆时针方向旋转 θ 角度[①]，得到新坐标轴 Z_1 和 Z_2，Z_1 和 Z_2 是两个新变量。

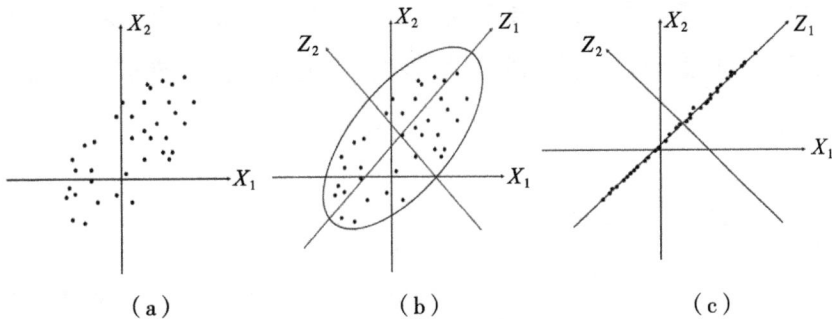

图 4-1　主成分分析几何示意

根据旋转变换的公式：

$$\begin{cases} Z_1 = \cos\theta\, X_1 + \sin\theta\, X_2 \\ Z_2 = -\sin\theta\, X_1 + \cos\theta\, X_2 \end{cases} \tag{4-4}$$

Z_1 和 Z_2 是原始变量 X_1 和 X_2 的特殊线性组合。

---

　　① 旋转变换的目的是为了使得 n 个样本点在 Z_1 轴方向上的离散程度最大，即 Z_1 的方差最大。变量 Z_1 代表了原始数据的绝大部分信息，在研究一些经济问题时，即使不考虑变量 Z_2 也无损大局。经过上述旋转变换原始数据的大部分信息集中到 Z_1 轴上，对数据中包含的信息起到了精简浓缩作用。

$$\begin{pmatrix} Z_1 \\ Z_2 \end{pmatrix} = \begin{pmatrix} \cos\theta & \sin\theta \\ -\sin\theta & \cos\theta \end{pmatrix} \begin{pmatrix} X_1 \\ X_2 \end{pmatrix} = U'X \qquad (4\text{-}5)$$

U' 为旋转变换矩阵，它是正交矩阵，即

$$U' = U^{-1}, \quad U'U = I \qquad (4\text{-}6)$$

从图 4-1（c）不难看出二维平面上 n 个点的波动（用两个变量的方差和表示）大部分归结为在轴 Z_1 方向的波动，而在 Z_2 方向上的波动很小，可以忽略。这样一来，二维问题即可以降为一维，只取第一个综合变量 Z_1 即可，而 Z_1 是椭圆的长轴。一般情况，p 个变量组成 p 维空间，n 个样本点就是 p 维空间的 n 个点。对于 p 维正态随机向量来说，找主成分的问题实际上就是找 p 维空间中椭圆的主轴的问题。

三、线性回归分析

本部分，将利用主成分分析提取的因子对股指估值中枢进行最小二乘（OLS）回归分析，从而构建两者间的定量关系。

普通最小二乘法（Ordinary Least Square，OLS），是应用最多的参数估计方法，也是从最小二乘原理出发的其他估计方法的基础。在已经获得样本观测值 Y_i，X_i（$i=1，2，\cdots，n$）的情况下，假如模型的参数估计量已经求得到，为 $\hat{\beta}_0$ 和 $\hat{\beta}_1$，并且是最合理的参数估计量，那么直线方程

$$\hat{y}_i = \hat{\beta}_0 + \hat{\beta}_1 x_i，\quad i = 1, 2, \cdots, n \qquad (4\text{-}7)$$

应该能够最好地拟合样本数据。其中，$\hat{y}_i$ 为被解释变量的估计值，它是由参数估计量和解释变量的观测值计算得到的。那么，被

解释变量的估计值与观测值应该在总体上最为接近，判断的标准是二者之差的平方和最小，即要满足式（4-8）取得最小值

$$Q = \sum_{i=1}^{n}(y_i - \beta_0 - \beta_1 x_i)^2 = \sum u_i^2 = Q(\beta_0, \beta_1) \qquad （4-8）$$

我们有

$$Q\big|_{\beta_0 = \hat{\beta}_0,\, \beta_1 = \hat{\beta}_1} = \sum \hat{u}_i^2 = \sum_{i=1}^{n}\left(y_i - \hat{y}_i\right)^2 = \sum_{i=1}^{n}\left(y_i - \hat{\beta}_0 - \hat{\beta}_1 x_i\right)^2 = \min Q(\beta_0, \beta_1)$$

$$（4-9）$$

不难推导得

$$\begin{cases} \hat{\beta}_1 = \dfrac{n\sum\limits_{i=1}^{n} x_i y_i - (\sum\limits_{i=1}^{n} x_i)(\sum\limits_{i=1}^{n} y_i)}{n\sum\limits_{i=1}^{n} x_i^2 - (\sum\limits_{i=1}^{n} x_i)^2} = \dfrac{\sum\limits_{i=1}^{n}(x_i - \overline{x})(y_i - \overline{y})}{\sum\limits_{i=1}^{n}(x_i - \overline{x})^2} \\[4mm] \hat{\beta}_0 = \overline{y} - \hat{\beta}_1 \overline{x} \end{cases} \qquad （4-10）$$

四、构建投资者情绪模型的说明

投资者情绪是引发股市短期波动的重要因素，特别是在股指大幅下行的情况下，投资者情绪低落、交投清淡，更加剧了市场波动幅度和下跌速度。学术研究也表明，投资者情绪会显著影响市场走势，导致股指短期偏离其中枢水平。通常在投资者情绪高涨时，投资者市场参与热情更高，风险偏好更强，场内两融杠杆交易更活跃，成交金额更大，从而助推股指上涨。反之，在投资者情绪低迷时，投资者持币观望情绪较浓，参与热情较低，风险偏好下降，成交金额、两融交易占比较小，从而加剧股指下跌。同时，投资者情绪具

有一定程度的自我激励效应，当前投资者情绪不仅受到同期其他因素的影响，也会受到本身历史情绪的影响。

基于此原理，为准确衡量投资者情绪对股市波动的影响程度，可利用多个衡量投资者情绪的指标，研究建立基于滞后变量回归方法的投资者情绪压力测试模型，测算在投资者情绪轻度悲观、中度悲观、重度悲观的情形下股指偏离其中枢的程度。我们拟构建投资者情绪模型，利用上证综指成交额、沪市市净率、两市两融交易占比、参与交易投资者数量增速4个指标，构建滞后变量模型来衡量投资者情绪对股指偏离其中枢程度的影响。通过进行拟合分析，判断投资者情绪在轻度悲观、中度悲观、重度悲观三种不同情形下上证综指偏离其中枢水平的程度。

第二节　操作过程和案例演示

基于上一节介绍的相关方法和理论基础，本节将着重通过案例演示介绍压力测试的操作过程。在本案例中，我们选择3月末为宏观环境的基准情景，假定此时上证综指为2800点，如果未来3个月国际经贸环境发生较大变动，或国内经济增速放缓，或汇率波动加大，或上市公司业绩下滑等情形出现，叠加投资者的悲观情绪，这些压力因素可能使股指再度承压，进而A股继续下跌。我们基于轻度、中度、重度三种宏观压力情景，同时引入投资者情绪轻度、中度、重度悲观三种状态，测算出二季度末（6月底）9种经济—情绪组合对应的上证综指估值中枢。

一、通过 HP 滤波法提取上证综指估值中枢

（一）数据来源及样本选择

我们从 WIND 数据库提取 2006 年至 2019 年上证综指的日度收盘价，然后逐月对日度收盘价取算术平均值，并对其进行标准化处理，折算成月度平均的上证综指点位 SSE。

（二）案例演示及操作过程

本例中，我们先验地给定平滑参数 λ 的取值为 5760000[①]，然后使用 Eviews 计量分析软件对标准化后的月度上证综指点位 SSE 时间序列进行 HP 滤波分解，并提取出上证综指价值中枢时间序列，结果如图 4-2 所示。其中，上方波动线条（SSE）代表上证综指真实点位，对应于式（4-1）中的 $\{Y_t\}$；上方平滑线条（Trend）代表上证综指的估值中枢，对应于式（4-1）中的 $\{Y_t^T\}$；而下方线条（Cycle）则代表上证综指的波动程度，对应于式（4-1）中的 $\{Y_t^C\}$。

---

① 需要说明两点：（1）之所以选取 5760000 的参数预设值，主要是考虑月度数据常用的参数值为 14400，而实际上我们这里选取的上证综指实际点位 SSE 是根据日度数据取平均得到的，若以每个月 20 个交易日而论，则经验地，我们将此时参数 λ 取值为 14400×20^2，即为 5760000；（2）关于参数 λ 的取值，可谓仁者见仁智者见智，目前尚无统一标准也无绝对的优劣之分，在实践中，根据不同的案例情景尝试其他的取值也未尝不可。

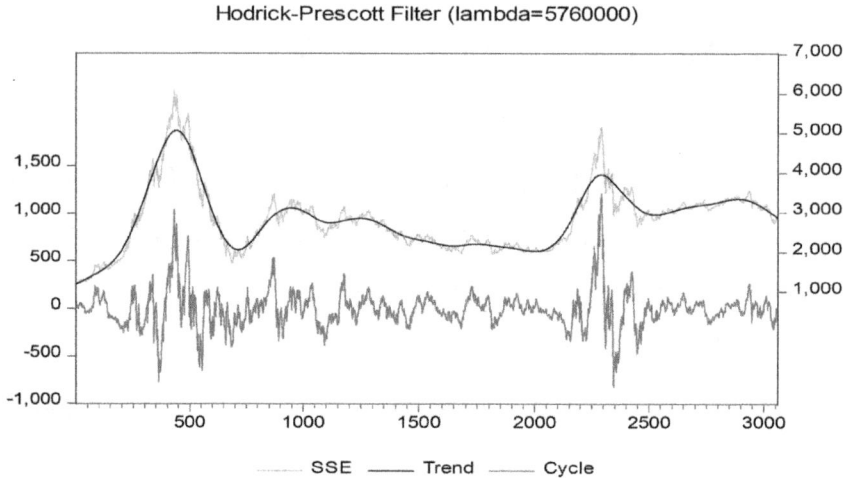

Hodrick-Prescott Filter (lambda=5760000)

图4-2 上证综指HP滤波分解（标准化后）

注：其中上方两条线分别代表上证综指真实点位和估值中枢（右轴）。

从 HP 滤波效果看，2007 年 10 月前后、2015 年 6 月前后，上证综指估值中枢位于真实值下方，且这期间股指的波动程度也明显加大，说明该期间内股市运行偏热；而 2010 年 5 月至 10 月、2015 年 9 月至 11 月期间，上证综指估值中枢位于真实值上方，一定程度上也说明对应期间内股市运行偏冷，基本符合实际情况。

二、通过主成分分析提取影响因子

（一）数据来源及样本选择

考虑到数据频度、可得性以及与股指相关性大小，选取以下 9 个指标作为主成分分析的基础指标：工业增加值季调后同比 *IP*、制造业 *PMI*、消费者物价指数 *CPI*、狭义货币供给量 *M1* 同比、银行间 7 天回购利率 *R7*、沪市上市公司总股本 *SN*、美元兑人民币汇率

ER、道琼斯工业指数 *DJI*、非金融企业境内当月股票融资额 *IPO*。所有数据均取自 WIND 数据库。样本期间为 2006 年至 2019 年，所有指标均折成月度频率，并做标准化处理。

（二）案例演示及操作过程

首先，我们根据因子分析法，使用 SPSS 统计分析软件对影响股指估值中枢的基础指标集做降维旋转处理，按特征值大于 1 的原则选取主成分，9 个基础变量降为 3 个因子，但仍然包含了原数据 75.7% 的信息量。

表 4-1 总方差解释表

因子	起始特征根			提取平方和载入		
	总计	单因子变化（%）	累计解释度（%）	总计	单因子变化（%）	累计解释度（%）
1	5.578	46.487	46.487	5.578	46.487	46.487
2	2.036	16.963	63.451	2.036	16.963	63.451
3	1.470	12.246	75.697	1.470	12.246	75.697
4	0.820	6.834	82.531			
5	0.716	5.964	88.495			
6	0.582	4.848	93.342			
7	0.309	2.574	95.916			
8	0.243	2.027	97.943			
9	0.139	1.158	99.100			
10	0.067	0.556	99.656			
11	0.036	0.296	99.952			
12	0.006	0.048	100.000			

其次，再用最大方差法进行因子旋转，使各因子中需要解释的变量数最少，即将每个变量与提取因子的相关性拉开，结果如表 4-2 所示。

表 4-2　因子矩阵

变量	旋转前的因子			旋转后的因子		
	1	2	3	1	2	3
$M1$	0.578	0.614	0.290	0.846	0.111	−0.259
CPI	0.209	−0.571	0.657	0.228	−0.082	0.862
SN	−0.913	0.231	0.218	−0.490	0.833	0.001
IP	0.873	−0.228	0.269	0.695	−0.540	0.332
PMI	0.660	0.152	0.433	0.777	−0.111	0.173
DJI	−0.733	0.241	0.352	−0.284	0.795	0.082
$R7$	−0.481	−0.670	0.412	−0.458	0.179	0.780
ER	0.808	0.160	0.024	0.696	−0.425	−0.117
IPO	−0.340	0.592	0.557	0.266	0.839	−0.040

处理后结果显示，因子 1 与 $M1$、PMI、工业增加值、美元兑人民币汇率相关性较大，可认为因子 1 代表实体经济基本面的情况；因子 2 与沪市上市公司总股本、道琼斯工业平均指数、非金融企业境内当月股票融资额相关性较大，可认为因子 2 代表股市自身运行状况；因子 3 与物价 CPI 和利率的相关性较大，可认为因子 3 表示价格因素。于是，我们可将 3 个因子表达成如下形式：

$$Z_1 = 0.846 \times M1 + 0.228 \times CPI - 0.490 \times SN + 0.695 \times IP + 0.777 \times PMI$$
$$-0.284 \times DJI - 0.458 \times R7 + 0.696 \times ER + 0.266 \times IPO$$

$$Z_2 = 0.111 \times M1 - 0.082 \times CPI + 0.833 \times SN - 0.540 \times IP - 0.111 \times PMI$$
$$+0.795 \times DJI + 0.179 \times R7 - 0.425 \times ER + 0.839 \times IPO$$

$$Z_3 = -0.59 \times M1 + 0.862 \times CPI + 0.001 \times SN + 0.332 \times IP + 0.173 \times PMI$$
$$+0.082 \times DJI + 0.780 \times R7 - 0.117 \times ER - 0.040 \times IPO$$

三、利用提取因子进行回归分析

本节前两部分分别获取上证综指的长期估值中枢，提取了对其可能有影响的三个因子。本部分，将利用提取的因子对股指估值中枢进行最小二乘（OLS）回归分析，从而构建两者间的定量关系。

（一）数据来源及样本选择

在本部分的实证过程中，我们选用了本节第一部分 HP 滤波提取出上证综指估值中枢 SSE 作为被解释变量，使用本节第二部分主成分分析提取出的三个因子（Z_1，Z_2，Z_3）作为解释变量，其中，构成三个因子的基础指标集均选自 WIND 数据库，具体定义见表 4-3，数据样本区间为 2006 年至 2019 年。所有回归分析均使用 Stata 计量分析软件完成。

表 4-3　变量定义及说明

变量类型	变量名称		数据频度
被解释变量	上证综指估值中枢（SSE）		日度（折算成月度平均）
解释变量（基本面要素）	因子 1	狭义货币供给量同比（$M1$）	月度
		制造业采购经理人指数（PMI）	月度
		工业增加值季调后同比（IP）	月度
		美元兑人民币汇率（ER）	月度
	因子 2	沪市上市公司总股本（SN）	月度
		道琼斯工业指数（DJI）	日度（折算成月度平均）
		非金融企业境内当月股票融资额（IPO）	月度
	因子 3	消费者物价指数（CPI）	月度
		7 天银行间同业拆借加权利率（$R7$）	月度

（二）案例演示及操作过程

方法一：对标准化后的上证综指估值中枢 SSE 建模。

因子分析法得到的三个因子均通过单位根检验，是平稳时间序列，标准化后的 SSE 也通过单位根检验，上证综指估值趋势项也是平稳时间序列。利用标准化后的解释变量 SSE 对因子 Z_1、Z_2、Z_3 进行回归，剔除不显著因子后得回归方程如下：

$$\hat{SEE'} = \hat{\beta_0} + \hat{\beta_1} \times Z_1 + \hat{\beta_2} \times Z_2 + \hat{\beta_3} \times Z_3 + \hat{\beta_4} \times I_{2007} + \hat{\beta_5} \times I_{2015}$$

$$（4-11）$$

其中，I_{2007} 和 I_{2015} 为虚拟变量，分别代表股指在 2007 年和 2015 年异常波动期间，在异常波动期间取值为 1，其他时间取值为 0。回归方程中代表宏观经济基本面状况的因子 Z_1 对股指趋势有正向影响，代表股市自身运行状况的因子 Z_2 对股指有正向影响，符合理论判断，修正后的 R^2 为 0.7。

方法二：直接对上证综指估值中枢 SSE 建模。

用 SSE 表示上证综指趋势值，SSE 为平稳时间序列。用 SSE 对因子 Z_1、Z_2、Z_3 进行回归，剔除不显著因子后得回归方程如下，修正后的 R^2 为 0.74。

$$\hat{SSE} = \hat{\alpha_0} + \hat{\alpha_1} \times Z_1 + \hat{\alpha_2} \times Z_2 + \hat{\alpha_3} \times Z_3 + \hat{\alpha_4} \times I_{2007} + \hat{\alpha_5} \times I_{2015}$$

$$（4-12）$$

四、根据预设变量集利用线性回归预测股指走势

通过前三部分工作，已经构建多因素模型，完成对于用因子表征的各类宏观经济金融指标与股指估值中枢之间关系的定量刻画。在此基础上，若要预测出未来某一时点上证综指的估值中枢点位，我们只需将上一章中动态因子模型（DFM）测算出的未来多种宏观情景下对应的宏观经济指标代入多因素模型，便可得到预测结果，具体而言：

第一步，将预测宏观经济指标变换为因子。

上一章中，我们使用动态因子模型（DFM），测算出二季度末（6月末）轻度、中度、重度三种宏观压力情景下工业增加值、物价指数、利率、$M1$ 等宏观经济指标，用变量 X' 表示（详见表3-2）。此处，将这些上一章节设定的宏观指标以及其他指标（假定6月末非金融企业境内股票融资额为150亿元，沪市上市公司总股本为37000亿股，道琼斯工业平均指数为24545点）经标准化后代入本章第二节的因子表达式，将其转换为未来各种压力情景下的三个新因子：

$$Z_1' = 0.846 \times M1' + 0.228 \times CPI' - 0.490 \times SN' + 0.695 \times IP' + 0.777 \times PMI'$$
$$-0.284 \times DJI' - 0.458 \times R7' + 0.696 \times ER' + 0.266 \times IPO'$$

$$Z_2' = 0.111 \times M1' - 0.082 \times CPI' + 0.833 \times SN' - 0.540 \times IP' - 0.111 \times PMI'$$
$$+0.795 \times DJI' + 0.179 \times R7' - 0.425 \times ER' + 0.839 \times IPO'$$

$$Z_3' = -0.59 \times M1' + 0.862 \times CPI' + 0.001 \times SN' + 0.332 \times IP' + 0.173 \times PMI'$$
$$+0.082 \times DJI' + 0.780 \times R7' - 0.117 \times ER' - 0.040 \times IPO'$$

可得6月末三个因子分别为 $Z_1' = -2.295$，$Z_2' = 0.205$，$Z_3' = -2.103$.

第二步，将因子代入多因素模型进行预测。

接下来，我们将第一步中的三个因子代入多因素定价模型（4-11），即可求得6月末三种压力情景下上证综指估值中枢 SSE 的预测值 $\hat{SEE'}$（标准化后的值）。

$$\hat{SEE'} = \hat{\beta}_0 + \hat{\beta}_1 \times Z_1' + \hat{\beta}_2 \times Z_2' + \hat{\beta}_3 \times Z_3' + \hat{\beta}_4 \times I_{2007} + \hat{\beta}_5 \times I_{2015}$$

$$（4-13）$$

图 4-3　多因素模型预测结果示意

注：其中波动曲线和平滑曲线分别代表上证综指估值中枢及其预测值（右轴）。

由于多因素模型直接得到的结果是标准化后的值，因此我们还需将其还原为对应的股指中枢点位（通过将预测值先加上均值，再乘以其标准差即可得到）。在本案例中，我们得到6月末经济轻度、中度和重度下滑三种压力情景下，对应的上证综指估值中枢预测值分别是 $\hat{SEE}'_{low}$ 为 2184 点、$\hat{SEE}'_{med}$ 为 2397 点和 $\hat{SEE}'_{high}$ 为 2541 点。

实际上，当我们知道当前时点的股指点位 SSE_0，并且还预测出未来某一时点上证综指的中枢点位 $\hat{SEE}'$，很自然便可以求得二季度上证综指的涨跌幅为 $\hat{SEE}'/SSE_0$，这为我们进行市场走势分析研判提供了重要的参考依据，也是开展各类压力测试的重要基准。当然，除了可以计算股指涨跌幅外，基于我们的模型还可以预测个股的涨跌幅，也为相关人员进行个股分析提供了一些决策参考（详见本节附件 4-1）。

第三步，将预测结果进行修正。

通常来说，不论是采用何种模型，在进行预测时都或多或少地产生一些误差，多因素模型也不例外。我们以所有历史数据截至该年二季度初（或为 3 月末），预测二季度末（6 月末）股指中枢点位为例，提出了几种修正方式：

（1）可将历史月度的预测值与真实值之间的偏离度作为经验的修正系数。比如，3 月的预测值与真实值偏差 $\pm X\%$，将其作为修正系数，修正后的点位为 $\hat{SEE'} \times (1+X\%)$ 点。

（2）3 月 SSE 预测值残差的标准差为 σ，SSE 预测值向下修正 1 倍标准差后为 $\hat{SEE'} - \sigma$，再将其还原为股指估值中枢的点位。

当然，可能也还有其他效果更为理想的预测模型和修正方法，有待我们后续进一步研究和改进。

五、引入投资者情绪的影响

实际上，股指不仅会受到基本面因素影响，如前所述，其也会受到投资者情绪影响而产生波动，本节我们拟测算在投资者情绪轻度悲观、中度悲观、重度悲观的情形下股指偏离其估值中枢的程度。

（一）数据来源及样本选择

这里使用 2011 年至 2019 年期间上证综指收盘价、上证综指成交额、沪市市净率、两市两融交易占比、参与交易投资者数量增速等指标日度数据。对上证综指进行滤波分析后，得到其长期趋势项和短期扰动项，并以短期扰动项除以长期趋势项计算股指偏离度，用于衡量投资者情绪。

由于 5 个指标之间共线性不高，可利用滞后变量模型衡量投资者情绪对股指偏离程度的影响。其中，股指偏离度为模型的因变量，滞后一阶的股指偏离程度为滞后变量，上证综指成交额、沪市市净率、两市两融交易占比、参与交易投资者数量增速为同期衡量因子。

（二）案例演示及操作过程

利用滞后变量模型对股指偏离度进行拟合，构建的投资者情绪波动模型如式（4-14）所示：

$$Y_t=-1.722-0.076X_{1t}+0.045X_{2t}+0.872X_{3t}+0.966X_{4t}+0.958Y_{t-1}$$

$$（4-14）$$

其中，Y_t 表示第 t 日上证综指的股指偏离度，X_{1t} 表示第 t 日上证综指成交额，X_{2t} 表示 t 日两市两融交易占比，X_{3t} 表示第 t 日沪市市净率，X_{4t} 表示第 t 日参与交易投资者数量增速。结果显示，上证综指成交额与股指偏离度显著负相关，两融交易占比、市净率、参与交易投资者数量增速与股指偏离度显著正相关。拟合曲线的 R^2 为 0.938，F 值显著，说明模型的拟合效果较好（详见附表 4-2）。

根据成交额、市净率、两融交易占比、参与交易投资者数量增速与股指偏离度的历史分布情况进行综合分析，按从小到大排序后，将各指标前 12.5% 分位、12.5% 分位至 25% 分位、25% 分位至 37.5% 分位 3 个区间的均值水平，分别作为投资者情绪在轻度悲观、中度悲观、重度悲观状态下的取值。

利用拟合出的模型，即可测算出投资者情绪在轻度悲观、中度悲观、重度悲观情形下，股指向下偏离其中枢水平的程度。结果显示，考察期间，当投资者情绪分别处于轻度悲观、中度悲观、重度悲观时，上证综指向下偏离其中枢水平的程度分别为 2.08%、

3.96% 和 7.77%。（详见本节附件 4-2 中附表 4-4）

六、形成不同经济—情绪压力情景组合下股指预测点位

在本章，采用多因素模型，计算出三种宏观压力情景对应的上证综指估值中枢；紧接着，又引入投资者情绪，测算出宏观经济轻度、中度、重度状态下上证综指估值中枢的可能区间；这里，同时考虑宏观经济情景与投资者情绪，即将 3 个中枢点位与 3 个偏离程度相叠加，生成了 9 种经济—情绪的压力情景组合，测算出压力情景下的 9 个股指中枢点位（见表 4-4）。

表 4-4 不同宏观压力情景及情绪悲观程度下预测的上证综指点位

预测点位			实际点位偏离中枢的程度（%）		
			轻度悲观	中度悲观	重度悲观
			−2.08	−3.96	−7.77
中枢点位	轻度下行	2541	2488	2440	2344
	中度下行	2397	2347	2302	2211
	重度下行	2184	2139	2097	2014

为方便理解，我们以经济中度下行、投资者情绪中度悲观这种情景为例，此时对应的基准中枢点位为 2397 点，而情绪对应的偏离程度则为 −3.96%，这种情形下的预测点位 2302 点，即 2397 ×（1−3.96%）可得。

值得注意的是，由于测算的股指中枢点位可能有重合，为简便起见，我们通常选择预测值中最低值和最高值分别作为预测区间的上下限，此案例中我们预测的上限和下限分别为 2000 点和 2500 点。

附件 4-1　关于利用个股贝塔值计算个股涨跌幅方法的说明

一、使用单因素模型测算个股贝塔值

首先，以 2016 年至 2019 年期间为例，我们根据单因素模型并利用日度的个股对数收益率时间序列 $R_{i,t}$，对市场组合收益率 $R_{M,t}$ 进行一元线性回归，所得回归系数 β_i 即为个股 i 的贝塔系数，如公式（1）所示：

$$\ln P_{i,t} - \ln P_{i,t-1} = \alpha_i + \beta_i \times (\ln P_{M,t} - \ln P_{M,t-1}) + e_{i,t} \qquad (1)$$

其中，$P_{i,t}$ 为个股 i 在 t 日的前复权收盘价；$P_{M,t}$ 为个股所在板块对应的市场指数在 t 日的点位，分别使用上证综指、中小板指和创业板指代表全市场、中小板和创业板的市场指数。具体贝塔值直接提取自 WIND 数据库。

二、根据个股贝塔值测算其对数涨跌幅

其次，以上证综指为例，假设某年 6 月末上证综指点位为 $P_{M,T}$，而压力情景下预测其 3 个月后点位为 $P_{M,T+6}$，亦即上证综指该区间的对数涨跌幅为 $\ln P_{M,T+3} - \ln P_{M,T}$，相应的可根据每只个股的贝塔系数 β_i 求得个股 i 在该区间的对数涨跌幅为 $\beta_i \times (\ln P_{M,T+3} - \ln P_{M,T})$。

三、将个股对数涨跌幅转换为普通涨跌幅

进一步，假设个股 i 在 6 月末的收盘价为 $P_{i,T}$（前复权），则预测其 3 个月后的收盘价（前复权）$P_{M,T+3}$ 如公式（2）所示：

$$P_{i,T+3} = P_{i,T} \times \exp[\beta_i \times (\ln P_{M,T+3} - \ln P_{M,T})] \qquad (2)$$

其中，exp 为以自然常数 e 为底的指数函数，$\exp(x)$ 表示 e 的 x 次方，e=2.718281828⋯

相应地，个股 i 在区间内的普通涨跌幅为 $P_{i,T+3}/P_{i,T-1}$，化简得 $\exp[\beta_i \times (\ln P_{M,T+3} - \ln P_{M,T})] - 1$ 即为所求，如公式（3）所示：

$$P_{i,T+3}/P_{i,T} - 1 = \exp[\beta_i \times (\ln P_{M,T+3} - \ln P_{M,T})] - 1 \qquad (3)$$

附件 4-2

附表 4-1　相关系数矩阵

指标	滞后一阶的股指偏离度	上证成交额	两市两融交易占比	沪市市净率	参与交易投资者数量增速
滞后一阶的股指偏离度	1.00	0.40	0.00	0.41	−0.01
上证成交额	0.40	1.00	0.55	0.50	0.09
两融交易占比	0.00	0.55	1.00	−0.26	0.02
市净率	0.41	0.50	−0.26	1.00	0.00
参与交易投资者数量变动率	−0.01	0.09	0.02	0.00	1.00

附表 4-2　拟合参数结果

自变量	参数	值	t 值	p 值
常数项	a	−1.72	−5.36	0.00
上证综指成交额（千亿元）	b	−0.08	−2.09	0.04
两融交易占比（%）	c	0.05	3.67	0.00
市净率	d	0.87	5.04	0.00
投资者增速	e	0.97	3.90	0.00
滞后一阶的股指偏离度（%）	f	0.96	143	0.00

附表 4-3　显著性检验结果

指标	检验值
残差平方和	0.33
R^2	0.94
调整 R^2	0.94
F 值	5505.00
P 值	0.00

附表 4-4 投资者情绪情景分析参数统计

指标	轻度悲观	中度悲观	重度悲观
历史股指偏离度（%）	−1.88	−3.58	−7.31
上证综指成交额（亿元）	862.20	687.50	493.00
两融交易占比（%）	5.51	2.08	0.70
沪市 PB（LF）	1.51	1.42	1.30
参与交易投资者数量增速	−0.05	−0.09	−0.18
预期股指偏离度（%）	−2.08	−3.96	−7.77

第五章　压力情景下对证券公司、
上市公司等机构的冲击和影响

　　证券公司是直接融资的重要中介机构，与股票一、二级市场联系紧密。本章梳理了证券公司受股市下跌的影响路径及初步的测算方法，并通过观测主营业务和财务指标在压力情景下的变化，确定这些冲击对其经营情况的影响，为加强证券公司风险监督、提升风险管理水平提供依据。SRISK 指数衡量在极端情景下，证券公司为安然度过危机额外所需筹集的资本，结合前面的财务指标，从资本的角度考量证券公司应对风险的能力。

　　上市公司作为金融市场的重要组成部分，推算公司估值情况，有利于更全面地掌握公司财务状况，观测行业发展动态；以国际经贸环境恶化压力情景模拟为例，结合理论假设及我国上市公司实际海外业务情况，可以模拟在国际环境变化情况下，海外业务减少对上市公司整体业绩情况的影响。

第一节　压力情景下对证券公司的冲击

　　在第四章中，采用多因素模型，计算出三种宏观压力情景对应的上证综指估值中枢；紧接着，我们又引入投资者情绪，测算出宏观经济轻度、中度、重度状态下上证综指估值中枢的可能区间；最后，同时考虑宏观经济与投资者情绪，即将三个中枢点位与三个偏离程度相叠加，生成了九种经济—情绪的压力情景组合。本节将以3月末为基期（假定当时上证综指为2800点），剔除9种压力情景中重合的股指中枢点位，测算6月末在轻度2500点、中度2200点和重度2000点三个中枢点位下，证券公司各项业务、财务指标和风控指标的承压情况。

一、证券公司主营业务和财务指标的承压情况

压力情景下，证券公司财务指标承压是市场风险和信用风险的综合体现。主要亏损因素为经纪业务净收入和融资融券利息收入下滑、自营和资管投资特别是权益类投资损失、融资类业务违约产生的资产减值损失等。具体来看：

证券经纪业务。经纪业务是证券公司最基础、最重要的业务支柱之一，其积累与服务的深厚客户资源是证券公司开展资产管理、固收衍生等其他业务的重要基础，是影响证券公司能否在综合实力比拼中取得优势的重要因素。虽然近年来随着同业竞争加剧、互联网券商等新的竞争者不断加入，交易佣金水平不断降低，经纪业务收入贡献在证券公司总体营业收入中所占比例呈现出逐年下滑的态势，不过经纪业务仍是证券公司具有举足轻重影响的重要营业收入来源。经纪业务作为证券行业的根基业务，依然摆脱不了"靠天吃饭"的特征。在压力情景下，证券市场交易活跃度持续趋冷，新开账户数、参与交易账户数都大幅减少，手续费及佣金净收入将随之

减少，证券公司的经纪业务将受到严重损害。根据证券业协会发布的资料，证券公司经纪业务的佣金一般为成交额的 3.7‰，据此推算在三个中枢点位下，证券公司代理买卖证券业务净收入将分别减少 24%、35%、43%。

证券承销与保荐业务。证券承销是指证券公司代理证券发行人发行证券的行为。在压力情景下，证券公司承销风险主要有以下三个方面：一是股市行情不好会降低企业进行 IPO 的积极性，证券公司往往要花费很多时间和精力来力争成为上市公司发行新股主承销商，但由于竞争激烈，许多证券公司即使投入再大，也难以获得一家主承销商资格，证券公司的证券承销业务净收入将减少。根据证券业协会发布的资料，承销与保荐业务的佣金一般为筹资金额的 7%，据此推算在三个中枢点位下，证券公司证券承销业务净收入将分别减少 50%、67%、73%；二是已成为主承销商的证券公司，也面临一个能否实现承销计划的问题，特别是在二级市场低迷的情况下，还存在因认购不足而不得不自己认购的可能；三是在包销配股的情况下，股市持续低迷使得证券公司极可能买下销售不出去的股票，甚至对认购的转配股作长期投资，造成证券公司的金融资产减值损失增加。

证券资产管理业务。证券公司的资产管理业务是指委托人将自己的资产交给证券公司，由证券公司为委托人提供理财服务，证券公司从中收取佣金的行为。在压力情景下，由于证券市场交易活跃度持续趋冷，证券公司客户也会减少委托管理资金的规模，造成证券公司所收取的佣金减少。此外，2018 年 4 月 27 日，中国人民银行、中国银行保险监督管理委员会、中国证券监督管理委员会、国家外汇管理局印发《关于规范金融机构资产管理业务的指导意见》以来，在去杠杆去通道的影响下，证券公司资管业务规模不断缩水，也对证券公司相应的佣金收入造成较大压力。目前，我们暂时无法将两因素分开测算且无法测算由于规则变动所造成的损失。

融资融券业务。融资融券业务是指证券公司向客户出借资金供其买入证券或出具证券供其卖出证券的业务。在压力情景下，证券公司的融资融券业务主要受到以下三个方面的影响：一是证券公司因客户资不抵债而产生巨大资金缺口，即便强制平仓也无法弥补亏损。二是一旦股市丧失流动性，证券公司处置质押物的手段有限、变现难度增大。三是受政策或市场环境所限，证券公司无法对融资融券抵押物进行平仓，只能被动承受损失，影响证券公司财务状况。受上述三点的影响，证券公司由于融资融券抵押物无法平仓将造成证券公司不得不计提资产减值损失计入当期损益。需要说明的是，在实际业务中，客户往往会通过偿还负债、追加担保品等手段主动缓释风险，因而实际平仓规模远小于压力情景下的估测值。此外，在三个中枢点位下，融资融券业务的出借资金和出借证券规模将会下降，造成证券公司利息净收入分别减少 0.9%、1.8%、2.3%。

股票质押回购业务。股票质押式回购业务是指符合条件的资金融入方以所持有的股票或其他证券质押，向符合条件的资金融出方融入资金，并约定在未来返还资金、解除质押的交易。参与股票质押回购业务的客户融资杠杆较高，履约保障比例较低，且质押股份高度集中，因此跌破平仓线的风险也相对较高。在压力情景下，一方面，如果股市连续下跌，质押物大规模跌破平仓线，强制平仓后，可能引发踩踏，股价继续下跌，从而引发系统性风险。另一方面，一旦股市丧失流动性，证券公司处置质押物的手段有限、变现难度增大，自有资金可能遭受损失。此外，证券公司自营和资管产品作为股票质押业务重要的资金融出方，也面临净值下跌无法应对赎回的风险。在两方面共同影响下，证券公司将被迫计提资产减值损失，出借资金规模也将下降，从而导致证券公司利息净收入减少。由于缺少相关时点数据，我们暂时无法测算股票质押式回购业务造成的具体收入损失。

证券自营业务。证券自营业务是证券公司以自己的名义，以自有资金或者依法筹集的资金，为本公司买卖在境内证券交易所上市交易的证券。证券公司自营业务同一般的投资者一样，在压力情景下，证券公司在二级市场上从事自营业务同样面临着多方面的风险。由于对市场上的行情判断失误，买进或卖出股票的时机不对，以及证券投资组合不当等，都可能遭受损失，减少证券公司投资活动产生的现金流量，降低投资净收益。在三个中枢点位下，证券公司投资收益将分别减少11%、21%、28%。

证券公司收益凭证。收益凭证是证券公司以自身信用发行的、约定本金和收益的偿付与特定标的相关联的有价证券。压力情景下，证券公司净资本降幅较大，收益凭证总规模占期末净资本的比重相应变高。参照中国证券业协会发布的《证券公司开展收益凭证业务规范（试行）》相关规定，收益凭证的发行余额不得超过证券公司净资本的60%。个别证券公司无法满足该要求，将被迫压缩收益凭证规模，补充自身资本金渠道收窄。

二、证券公司风控指标的承压情况

为了建立以净资本和流动性为核心的风险控制指标体系，加强证券公司风险监督，督促证券公司加强内部控制、提升风险管理水平、防范风险，中国证监会出台《证券公司风险控制指标管理办法》（以下简称《办法》）和《证券公司风险控制指标计算标准规定》。压力情景下，伴随着证券公司的主营业务和财务指标承压，其将面临净资本下降、可用稳定资金紧张等情况，导致部分证券公司风控指标不符合监管标准。

资本风控指标承压情况。根据《办法》规定，证券公司必须持续符合下列资本风控指标标准：风险覆盖率不得低于 100%；资本杠杆率不得低于 8%，其中，风险覆盖率 = 净资本 / 各项风险资本准备之和 ×100%；资本杠杆率 = 核心净资本 / 表内外资产总额 ×100%。由于证券公司业务收入来源较多，只有当其各项主营业务整体出现大幅亏损，需要使用盈余公积占用所有者权益时，才会出现证券公司净资本及资本风控指标承压。

流动性风控指标承压情况。根据《办法》规定，证券公司必须持续符合下列流动性风控指标标准：流动性覆盖率不得低于 100%；净稳定资金率不得低于 100%，其中，流动性覆盖率 = 优质流动性资产 / 未来 30 天现金净流出量 ×100%；净稳定资金率 = 可用稳定资金 / 所需稳定资金 ×100%。在压力情景下，证券公司的营收亏损，将造成流动性资产和稳定资金损失，使得流动性风控指标承压。此外，如受政策或市场环境所限，证券公司自营和资管产品参与股票质押业务暂不处置质押物的压力情景下，证券公司流动性覆盖率、净稳定资金率都可能恶化，存在流动性不足的风险。股指下跌情景下，这类股票的平仓压力更为集中，有可能产生级联效应，导致风险在融资融券和股票质押间互相传导。

投资风控指标承压情况。根据《办法》规定，证券公司必须持续符合下列自营投资风控指标标准：自营权益类证券及其衍生品 / 净资本不得高于 100%；自营非权益类证券及其衍生品 / 净资本不得高于 500%。如前文所述，在压力情景下，如果证券公司出现较大幅度的亏损，其净资本将明显减少，可能会造成自营投资风控指标的恶化。

三、SRISK[①] 机构风险指标承压情况

SRISK 是在短期的边际期望损失（MES）的基础上，进一步完善和发展而来，其衡量的是在金融危机发生条件下（假设市场 6 月内至少下行 40%），金融机构为安然度过危机额外所需筹集的资本。该指数具有可以同时捕捉到规模、杠杆率和关联性等重要因素的影响，应用前景广阔的优势。该指数越大，覆盖机构所需筹集的资本总额越大。近几年，不少机构逐渐将研究成熟的 SRISK 机构风险指标也纳入压力测试，丰富了现有的压力测试工具，全面提升了压力测试的完备性和科学性。SRISK 指数基于经营数据和市场化数据，衡量极端情境下机构的资本缺口，与原有压力测试中风险预期损失、风险覆盖率等指标结合，从资本的角度考量机构应对风险的

---

① 该指数是诺贝尔经济学奖（2003 年）获得者、纽约大学两位经济学家 Brownlees 和 Engle 的研究成果，也是 Engle 教授创立的波动率实验室纳入日常监测的指数之一。SRISK 和波动率实验室监测的其他风险指数都是美国金融监管当局的重要参考。

能力，形成具有特色的压力测试指标。

SRISK 模型的数据基础及样本选择。当前成熟的 SRISK 模型中所有指数涉及的机构均为所有上市证券公司，市场总体值为各个体指数值的线性加总，同时将各证券公司的指数历史明细保存到数据库。存储粒度为月，本月期间计算 $T-1$ 交易日数据，当月保留一份最新值，本月最新数据生成，则覆盖之前该月计算结果。计算周期为日，若财务数据未到齐，则按当前最新的财务数据进行计算，若财务数据到齐，需要重新计算该月份的指数值。输入为所有上市证券公司日收盘价，上证综指日收盘价，资产负债表中的资产、负债、按收盘价计算的股票市值。

SRISK 模型的处理步骤。第一步，计算相关性。运用上市证券公司和上证综指每日收盘价，计算它们的对数收益率。再利用 DCC 相关性模型，求出市场与该机构股票收益率变化的相关性，以此来模拟市场对机构的影响程度。第二步，计算波动率。用第一步求出的对数收益率，进行波动率模型（GJR-GARCH）的回归。将市场和机构的当期值（第一步结果值）输入波动率模型，再通过蒙特卡洛模拟，便可计算出市场和机构下一期的条件波动率。第三步，计算未来的收益率。得到市场下一期的波动率后，基于波动率和收益率的关系方程，再通过蒙特卡洛模拟，可得市场下一期的收益率。同理，在考虑第一步求得的市场与机构相关系数后，可得机构下一期的收益率。第四步，计算 SRISK。通过第二、第三步的迭代，模拟市场和机构未来 6 个月每日的收益率（其中 6 个月按 132 个交易日计算，不考虑法定假期等）。之后再抽取市场损失大于 40% 时机构的平均损失率，求得机构预期所需和所剩剩余资本。（所需－所剩）＝需补充资本 SRISK。

SRISK 模型测算结果。我们运用 SRISK 模型测算了 27 家上市证券公司 [1] 在三个中枢点位下的资本缺口，需要补充资本金的证券公司将由 6 家增至 8 家，平均资本预期损失率将由 29% 升至 38%，资本缺口将由 88 亿元增至 339 亿元（见表 5-1）。如果资本缺口不能及时填补，不排除出现部分机构倒闭或被兼并的情形。

表 5-1　三个中枢点位下 SRISK 模型测算结果

指标	2500 点	2200 点	2000 点
出现资本缺口的证券公司数量（家）	6	8	8
证券公司平均资本预期损失率（％）	28.83	34.21	37.78
SRISK 资本缺口额（亿元）	88	220	339

第二节　压力情景下对上市公司的冲击

股票市场作为金融市场的重要组成部分，既是国民经济的晴雨表，更是资源配置的重要平台和枢纽，其中上市公司又是股票市场的基石和核心，对上市公司进行价值发现与资源配置是发挥市场机制的重要作用。从宏观、行业、财务研究分析对上市公司进行合理估值，是了解认识上市公司盈利情况、资金结构及预期价值的基础方法。

---

[1] 近期上市的证券公司因股价的时间序列较短，无法进行模拟。

一、影响上市公司估值的基本面因素

在公司估值模型研究过程中，影响公司估值的基本面因素有两方面组成：一是市场基本面因素，分为宏观经济因素和政策因素，主要包括国内外经济形势、国家政治经济政策动向、经济周期、物价变动、汇率变动、利率变动等；二是公司基本面因素，可分为公司经营性指标和成长性因素，公司经营指标反映出企业的当前经营状况，公司成长性业绩将反映企业未来发展前景，主要包括财务杠杆、经营与现金管理效率、股利支付水平、偿债能力、盈利能力以及收益的质量与增长情况等。

表 5-2　基本面因素指标

一、市场基本面因素	
1.宏观经济因素	包括经济增长、经济循环周期、外汇利率、财政收支、货币供应量、经济物价、国际收支等，宏观经济因素从不同方面直接或间接影响公司的经营业绩和分红情况。同时宏观经济环境影响居民收入水平和心理预期，从而对资本市场的供需结构产生影响。
经济周期	在经济的收缩、复苏、繁荣和衰退四个阶段，资本市场也随之产生周期性波动。通过对国内生产总值、经济增长率、通胀率、失业率、利率等指标的分析，判断出经济周期的发展阶段。
物价变动水平	物价水平变动包括通货膨胀和通货紧缩，物价变动影响居民收入和财产的再分配，改变居民对物价上涨的预期判断，从而影响社会再生产水平。
国际贸易支出	当出口大于进口时，国际贸易对国内经济产生积极影响，股价上升，相反当出口增长大幅下降时，拖累经济增长，对资本市场产生负面影响。
国际收支	国际收支差额通过影响国内货币资金供应量，从而对资本市场产生间接影响。当外汇储备增加，国内资金供应量增加，可用于股票市场的资金增大，股价上升。
国际金融市场	国际金融市场的变动一方面将影响国内投资者心理变化，另一方面将从宏观面和政策面影响国内资本市场走向。

续表

2.政策因素	国内外的重大经济活动以及政府的政策、措施、法令等重大事件，政府的社会经济发展计划、经济政策变化、新颁布法令和管理条约等均会影响到行业发展及公司经营情况。
货币政策	分为紧缩性货币政策和扩张性货币政策。在紧缩性货币政策时，货币供给减少，利率上升，市场无风险收益率上升，对股票价格形成向下压力；在扩张性货币政策下，货币供给增加，利率下调，股价水平呈上升趋势。
财政政策	分为扩张性财政政策和收缩性财政政策。国家预算作为基本财政收支计划，能够全面反映国家财力规模和平衡状态。主要的财政收入和支出政策包括国家预算、税收、国债等。
产业政策	公司所处行业发展前景受政府产业政策支持直接影响。
二、公司基本面因素	
1.经营性指标	反映公司当前的经营状况及盈利能力。
主营业务收入	当主营业务收入增加，公司销售能力增强。
销售净利率	反映出企业在一定收入情况下，通过控制成本和费用所产生的净利润水平。
资产负债率	反映公司财务杠杆水平，资产负债率越高，公司息税前利润变动对净利润变动影响越大，公司财务风险越高。
总资产周转率	通过汇总长期和短期资产的总体投资效率情况，反映出单位资产产生的销售收入。
净资产收益率	每股净资产所带来的净利润，反映出公司的经营效率。
现金转换周期	公司的经营活动占用现金的天数，反映出销售、账款回收、贸易政策之间的关系。现金转换周期越短，公司的经营和现金管理效率越高。
每股净资产	每股股票代表一定数量的净资产值，每股净资产可以用来反映股票相对内在投资价值的股本扩张能力。
行业平均市盈率	对比企业和所处行业的市盈率水平，反映企业在所处行业的竞争力。
分红指标	上市公司回馈股东，分红率高低及派息方式体现出公司的经营能力和发展潜力。
增资和减资	上市公司因业务发展需求，增加资本额和发行新股，使每股净资产降低，股价下降。对于高成长阶段公司，增资以为公司未来发展潜力的提升。
2.成长性因素	公司成长性业绩将代表企业未来发展前景及公司预期投资价值。

行业前景	企业所处行业的自身发展情况决定公司的未来发展前途和成长空间，行业的成长性是公司成长发展的基础条件。
市场竞争力	企业的市场竞争力由企业资产规模、技术研发水平、公司管理能力及市场占有率等因素决定，在所处行业中的竞争地位，将直接关系到企业的发展情况。
主营业务收入增长率	表现出公司主营产品的销售增长情况。
净利润增长率	直接表现公司利润的增长情况，同时间接反映公司股东能够获得的收益增长情况。

二、以国际经贸环境恶化对上市公司影响为例

（一）对外经贸产品假设

Armington 假设，在总需求给定的情况下，一国产品 M 的效用最大化可表现为：

$$MaxU(q_m^e, q_m^i) = \left[\sigma_m (q_m^e)^{\frac{\sigma_{1,m}-1}{\sigma_{1,m}}} + (1-\sigma_m)(q_m^i)^{\frac{\sigma_{1,m}-1}{\sigma_{1,m}}} \right]^{\frac{\sigma_{1,m}}{\sigma_{1,m}-1}}$$

（5-1）

进口与国内产品视为不同产品，具有不完全替代关系。国内产品表达式可以表现为：

$$A = [L_x \times A_e^n + L_y \times A_i^n]^{\frac{1}{n}}$$ （5-2）

国内产品与进口产品的替代效应可以表示为：

$$\frac{q_m^i}{q_m^e} = \left(\frac{p_m^e}{p_m^i} \right)^{\sigma_{1,m}} \left(\frac{\delta_m}{1-\delta} \right)^{\sigma_{1,m}}$$ （5-3）

在 GTAP 模型中，通过商品生产的运输将双边贸易和关税相结合。其中，商品出口港价格 = 出口商品国内价格 ×（1+ 出口关税），

商品进口港价格＝进口商品国内价格 ×（1+ 运费），商品进口价格＝商品进口港价格 ×（1+ 进口关税）。

产品生产投入产出表达为：

$$X=[S_LL^n+S_KK^n]^{\frac{1}{n}} \tag{5-4}$$

X 为商品产出，L 为投入劳动，K 为投入资本，S 为各要素所占份额，n 为不同生产要素间的替代弹性。

在道格拉斯理论中，效用＝技术水平参数 × 产品 A$^{占比 A\%}$ × 产品 B$^{占比 B\%}$。

（二）国际经贸环境恶化对上市公司影响假设

在分析国际经贸环境恶化对 A 股上市公司影响时，考虑到 2018 年开始的国际经贸环境恶化，这里以 2013 年至 2018 年间 A 股上市公司财务年报数据为数据样本，基于国际经贸环境恶化大背景下，上市公司海外出口贸易业务受到影响，预测压力情景为轻度影响、中度影响、重度影响（10%、20%、30%）三种情景。

表 5-3　A 股上市公司受国际经贸环境恶化压力情景测试

2013—2018 年 A 股海外贸易业务公司						
指标	2013 年	2014 年	2015 年	2016 年	2017 年	2018 年
公司家数（家）	1350	1430	1592	1774	1838	2159
营业总收入（亿元）	143111	156771	173141	196573	237775	271241
营业总收入同比（%）	10.9	7.3	6.4	10.5	20.1	11.7
海外业务收入（亿元）	17237	20205	23785	28460	38749	44126
海外业务收入同比（%）	12.0	16.7	16.9	19.1	37.7	13.3
受国际经贸环境恶化影响	—	—	—	—	—	—
受轻度影响，营业总收入（亿元）	141388	154751	170762	193727	233899	266819
受轻度影响，营业总收入同比（%）	9.6	5.9	5.0	8.9	18.1	9.9

2013—2018 年 A 股海外贸易业务公司						
指标	2013 年	2014 年	2015 年	2016 年	2017 年	2018 年
受中度影响，营业总收入（亿元）	139664	152730	168384	190880	230025	262397
受中度影响，营业总收入同比（%）	8.2	4.6	3.5	7.3	16.1	8.1
受重度影响，营业总收入（亿元）	137940	150710	166005	188034	226150	257976
受重度影响，营业总收入同比（%）	6.9	3.2	2.1	5.7	14.2	6.2

2018 年年报中，2159 家上市公司披露了公司海外营业收入，海外营业收入总计 4.41 万亿元，占这部分上市公司营业总收入 16.3%；截至 2018 年底，共计总市值 30.04 万亿元，占全部 A 股总市值的 61.76%。在国际经贸环境恶化的轻度、中度、重度三种假设影响情况下，具有海外出口业务的上市公司营业总收入同比增速将分别下降 1.8、3.6、5.5 个百分点，同时，将导致全部 A 股上市公司营业总收入同比下滑 1.1、2.2、3.3 个百分点。

表 5-4　2013—2018 年全部 A 股上市公司受国际经贸环境恶化影响假设

指标	2013 年	2014 年	2015 年	2016 年	2017 年	2018 年
公司家数（家）	2444	2568	2791	3018	3456	3561
营业总收入（亿元）	266979	285196	292806	322490	390421	451602
营业总收入同比（%）	9.7	7.3	1.3	8.7	20.1	12.3
受国际经贸环境恶化影响	－	－	－	－	－	－
受轻度影响，营业总收入（亿元）	262255	283176	290427	319644	386546	447180
受轻度影响，营业总收入同比（%）	9.0	5.3	0.5	7.8	17.6	11.2
受中度影响，营业总收入（亿元）	263532	281155	288049	316798	382671	442759

续表

指标	2013 年	2014 年	2015 年	2016 年	2017 年	2018 年
受中度影响，营业总收入同比（%）	8.3	4.5	-0.4	6.8	16.5	10.1
受重度影响，营业总收入（亿元）	261808	279135	285670	313952	378796	438337
受重度影响，营业总收入同比（%）	7.6	3.8	-1.2	5.9	15.3	9.0

从 2013—2018 年 6 年间数据可以看到，上市公司净利润占GDP 比重维持在 3.7%—4.0%。海外出口收入占全部上市公司营业总收入比重不断提高，在两种假设背景下，全部 A 股上市公司均受到国际经贸环境恶化影响，营业总收入出现不同程度的下滑，公司盈利水平受到冲击。

表 5-5　2013—2018 年 A 股上市公司财务数据

指标	2013 年	2014 年	2015 年	2016 年	2017 年	2018 年
公司家数（家）	2444	2568	2791	3018	3456	3561
净利润（亿元）	22355	24067	24808	27319	33298	33622
净利润同比增速（%）	13.3	8.4	1.1	7.3	19.0	-1.6
营业总收入（亿元）	266979	285196	292806	322490	390421	451602
营业总收入同比增速（%）	9.7	7.3	1.3	8.7	20.1	12.31
海外业务收入（亿元）	17237	20205	23785	28460	38749	44216
海外业务收入占营业总收入比重（%）	6.5	7.1	8.1	8.8	9.9	9.8
GDP（亿元）	592963	641281	685993	740061	820754	900310
上市公司净利润占 GDP 比重（%）	3.8	3.8	3.6	3.7	4.1	3.7

第六章 压力情景下对杠杆资金的
冲击和影响

杠杆资金是股票市场必须予以重视的资金类别之一。它一方面能为市场提供充足的增量资金，进一步活跃市场交易；另一方面也会扭曲定价、助涨助跌，对市场稳定运行、上市公司稳健经营产生明显负面影响。因此，对杠杆资金开展压力测试，对维护股市平稳运行有着重要意义。本章对杠杆资金的基本情况进行了梳理，分析了杠杆资金对股票市场的影响，并结合前面章节对股票市场压力测试的设定，测算了杠杆资金在压力情景下受到的冲击和影响，力求为日后对杠杆资金的监管提供有益的借鉴和参考。

第一节 股市杠杆资金的种类和规模

一、我国股市杠杆资金的种类

近年来，金融创新及技术进步的大环境催生出多种类型的杠杆融资方式。研究文献中多将股市杠杆资金分为场内杠杆资金和场外杠杆资金两大类，但不同文献对具体分类的口径存在一定差异。在最宽的口径中，场内杠杆包括融资融券、股票质押式回购和分级基金三种形式，场外杠杆包括收益互换、单账户结构化①配资、伞形信托、场外配资和股票质押贷款五种形式。整体上看，各类杠杆资金既存在共性又存在差异。共同点有二：一是资金来源复杂、隐蔽，且多种配资渠道对接了银行理财资金，打通了银行资金不能入市的壁垒，为大规模配资入市提供了资金来源；二是风控措施基本都依靠强制平仓，强化了市场预期，尤其在市场连续下跌被动去杠杆的过程中引发踩踏现象，使得杠杆资金呈现出明显的顺周期性。具体看，我国股市主要杠杆产品可分为6种：

（一）融资融券

融资融券业务是指满足一定资产和投资年限要求的投资者可与券商签订合同，开立独立的信用交易账户，由券商向该账户转入资金和证券后开展交易。该业务属于场内业务，使用标准化的合同和流程，透明度高，风险可控程度高。但业务规模在2015年曾突破万亿，不可避免地对市场形成了一定影响，这也对券商的风控能力提出了更高要求。

（二）股票质押式回购

股票质押式回购一般由对资金有较大需求且在二级市场持有一定规模股票的投资者参与，以上市公司大股东、董监高为主。该业务属于场内业务，融资期限最高可达3年，有补充质押、解除质押等灵活操作手段，并且没有强制平仓要求，受市场的影响有限。但由于集中度高，即使不平仓，相关消息也可能对市场情绪造成影响。

（三）偏股型单账户结构化资管产品

偏股型单账户结构化资管产品（以下简称"单账户结构化资

---

① 包括分级资管产品和结构化信托。

管")主要是证券期货经营机构、信托公司、保险公司等持牌金融机构发行的投向股市的股票型或混合型结构化资产管理产品，其主要特征是存在一级份额以上的份额（通常称为"劣后级"）为其他级份额（通常称为"优先级"）提供一定收益的风险补偿，收益分配不按份额比例计算，而是由资产管理合同另行约定。单账户结构化资管的融入方以高净值自然人和私募等机构投资者为主，融出方以银行理财为主，准入门槛高，资金量较大，投资风格也多偏向短线炒作等偏激进手法，对市场影响较大。

（四）分级基金

分级基金是我国金融市场上的一大创新，是极少数合法合规、参与门槛低的场内杠杆产品。分级基金依托于公募基金的形式，将母基金份额拆分为 A 类份额和 B 类份额，其中 A 类份额的收益固定，B 类份额则承担市场波动风险与 A 类份额收益的偿付，分别满足不同风险偏好的投资者。母基金的净值为分级 A 和分级 B 的净值之和，其中分级 A 净值基本不变，分级 B 净值根据市场波动而变化。为保证分级 A 的约定收益和分级 B 净值不归零，分级基金会在合约中约定基金折算，其中上折是指母基金净值上升到一定水平时，将分级 A、分级 B 的净值重新归 1，超出 1 的部分转化为母基金份额；下折是指分级 B 净值低于一定水平时，将分级 A、分级 B 净值重新归 1，分级 B 的份额按照净值跌幅进行缩减，除与分级 A 相对应的份额外，其余份额直接转换为母基金份额。

（五）股票收益互换

股票收益互换的基本原理是交易者在并不持有某种股票或股指的前提下，以另一种资产的收益从互换对手处换得该种股票或股指的回报，节省了投资成本。目前国内最基本的形式是挂钩某一股票或股指的收益与一个相同货币为基础的固定收益的相互支付。股票收益互换属于证券公司柜台业务，灵活度较高，融入方包括各种自然人和机构，融出方为证券公司自有资金。由于业务完全处于证券公司风控管理下，加之规模有限，对市场的影响并不大。

（六）场外配资

本书所称场外配资，是指 2012 年以来逐渐形成的，以资产管理公司、金融中介为平台，通过 P2P 等互联网平台批量对接融入方，通过持牌机构发行的资管计划投资于股市的"流水线"型专项资金借贷行为。场外配资的融入方种类繁多，既包括高净值和普通自然人，也有企业、私募等机构，对投资者适当性的要求基本为零，融出方为银行理财和社会闲散资金。场外配资串联线上线下、银行、证券、保险等多个环节，隐蔽性高，并且大部分融入方投资知识不多，配资公司等中介机构也缺乏专业能力，导致风险极易放大扩散。

表 6-1　各类杠杆融资情况简介

融资情况	场内			场外				
融资方式	融资融券	股票质押式回购	分级基金	收益互换	单账户结构化①	伞形信托	场外配资	股票质押贷款
推出时间	2010 年	2013 年	2007 年	2013 年	2009—2014 年	2009 年	2005 年	2000 年
融资渠道	证券公司	证券公司	基金公司	证券公司	信托公司、证券公司、基金公司及子公司、期货公司及子公司	信托公司	配资公司	银行

———————
① 包括分级资管产品和结构化信托。

续表

融资情况	场内			场外				
融资方	个人为主	大股东、机构	个人为主	机构	私募机构、大户自然人	私募机构、大户自然人	个人为主,包含大量中小投资者	个人、机构
期限	最长6个月,可展期	平均为7个月,最长3年	无	1年左右	1—3.5年	1年左右	多为1个月,不超过3个月	最长1年
融资成本	8.5%左右	8%—9%	-	8%—9%	7%—9%	9%—10%	15%—18%,甚至超过20%	4%—6%
平均初始杠杆倍数	2.7倍	2.3倍	2倍	2倍	3倍左右	平均3倍左右,最高达10倍		约2倍
平均动态杠杆倍数	1.7倍	1.5倍	2倍	2倍	-	-	-	-
资金来源	券商自有资金、债务资金(银行同业贷款、证金公司贷款、发债)	券商自有资金、券商资管资金	A级份额持有人以机构为主	券商自有资金、债务资金(银行同业贷款、发债)	银行理财资金、向高净值客户发行信托计划/资产管理计划募集	银行理财资金、信托高净值客户	银行理财资金(间接)、P2P产品募集资金、发行私募基金募集、配资公司股东	银行信贷
投资门槛	50万	无	自2016年起为30万	3000万	1000万	300万	5000元至上百万不等	无

二、股市杠杆资金的规模

杠杆融资峰值规模占A股流通市值的比约11%,明显高于境外成熟市场2%—4%的合理水平。从场内融资余额占股市流通市值的比例看,2014年7月起,我国市场这一比例开始快速上升;2015

年6月中下旬，该比例持续超过4%，股市异常波动后至2019年，该比例逐步下降，长期在2%以下水平波动。从境外成熟市场情况看，纽交所这一比例大致在1.8%至4.0%的区间波动，其中在该比例快速上升的2007年，市场出现了过热迹象并伴随着其后的深幅调整；东京交易所这一比例基本维持在0.4%至1.4%之间，平均约为0.8%。我国台湾市场这一比例波动较大，但也仅在互联网泡沫期间超过4%。

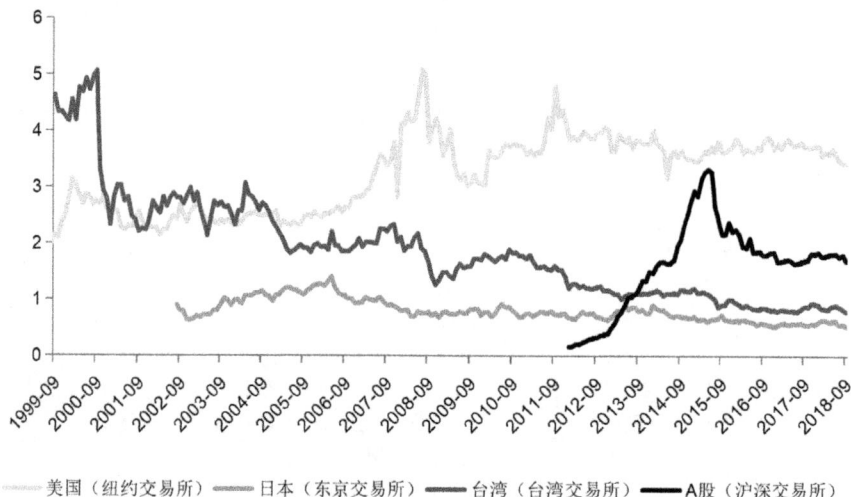

图6-1 全球主要市场场内融资余额占股票流通市值的比例[①]（单位：%）

当前股市杠杆资金规模已大幅减少。随着监管举措不断收紧，股市杠杆资金规模已明显下降，目前最主要的杠杆资金类别为融资融券，截至2021年末，沪深两融余额为1.65亿元，较高峰时的2.27万亿元，大幅下降6000亿元；而经过证监会严厉整治后，场

---

① 数据来源于Wind。2010年2月起，美国两融数据源由纽约证券交易所变为美国金融监管局，且统计对象不再仅限于纽交所会员公司，而市值数据仍仅为纽约证券交易所数据，导致比重略有增大。

外配资已萎缩至很小的规模，分级基金、偏股型[1]结构化资管产品规模[2]、收益互换等都大幅下降。

第二节　杠杆资金对股市的影响

杠杆资金通过流动性影响股市涨跌。流动性是杠杆资金影响股市涨跌的首要机制。无论是融资融券、分级基金、结构化资管还是场外配资，从机制上都鼓励更多的投资者利用更大规模的资金参与交易，在股市上涨时，这将扩大成交规模、缩小买卖价差，提高股市流动性，从而使得充裕的股市资金流向相对有限的股票标的，推高了市场价格，而在股市下跌时，杠杆资金又会迅速逃离，成倍抽干市场流动性，导致市场价格下跌。

杠杆资金通过情绪面影响股市涨跌。情绪面是杠杆资金影响股市涨跌的第二大机制。杠杆资金的交易具有信号意义，当投资者大量融资买入股票时，会向市场传递此股票价格被低估的信号，使得更多的投资者加入到做多行列，不仅提高了市场流动性水平，还放大了投资者对市场的乐观情绪，这将使得投资者继续做多。而当股市开始下跌时，杠杆投资者融券卖出或加速卖出，也会向市场传递股票被高估的信号，使得更多的投资者加入到做空行列，导致股票的供给量进一步增加，加大市场的下行压力。

---

[1] 包括股票型和混合型，全文同。
[2] 为净值规模的概念，其包含了两方面含义：一是这一规模相当于优先级和劣后级合计的资产市值；二是除股票外，还包括其持有的其他资产市值，因此是一个相对宽泛的统计口径。

　　此外，作为信息传递的重要途径，券商机构的研究报告和媒体报道也会进一步加大杠杆资金情绪面的影响机制，杠杆投资者的乐观或悲观情绪会在信息传递中不断放大。如在牛市期间"一万点不是梦"等夸张言论将投资者情绪带向极度亢奋，纷纷加杠杆跑步进场，推高市场泡沫。而熊市中媒体又鼓吹某"权威人士"的悲观观点，极易加重投资者对股市的恐慌心理，并可能引发连锁反应，投资者其中一只股票跌停后可能会紧急抛售手中所持尚未跌停的股票，从而加剧市场的跌幅。

　　杠杆资金交易行为影响股市的波动。杠杆投资者普遍具有顺周期交易和短线操作特征，杠杆资金的交易机制为其提供了跟风追涨的渠道，加杠杆阶段，大量的融资买入造成股价的暴涨，随后的去杠杆则导致崩盘风险的上升，也就使得波动率增大。如果市场有足够多的理性投资者，在融资到期前卖出股票，用于归还融来的资金，也就防止了股票价格的大幅度上涨。此外，杠杆资金对风险容忍能力极低，当股价的波动可能触及杠杆资金的安全边界时，杠杆的波动将引起整体资产的波动，表现为股票市值的巨大波动。从这一角度而言，在高杠杆融资的资金结构下，股票市场的性质已经一定程度转变为期货市场性质，股市本质上变为"期市"，而杠杆是波动的加剧器。

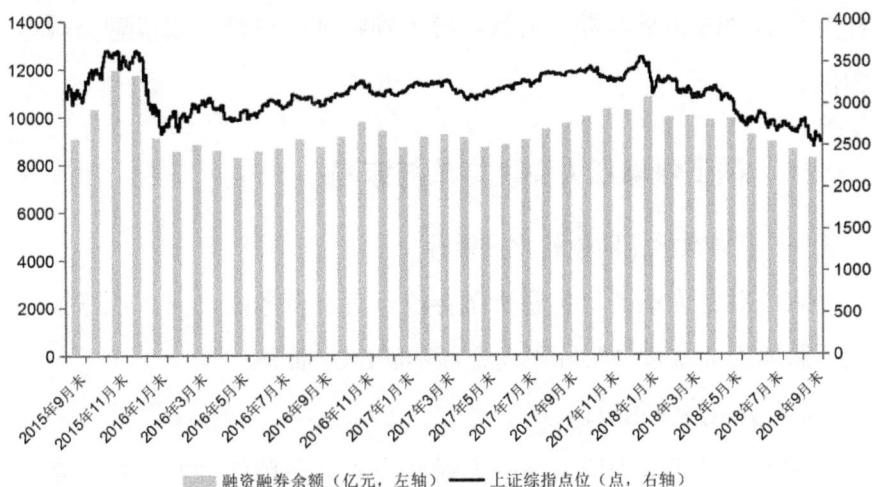

图6-2 融资融券余额与股指走势

第三节 压力情景下杠杆资金的冲击和影响
——以融资融券为例

2015 年股市出现异常波动后，国内部分机构对股市杠杆资金进行了压力测试。例如，清华大学国家金融研究课题组（2015）从量价关系对上证综指下滑到 3000 点时的场外配资总规模进行预测，并测算市场下跌到何种程度会引发系统性金融风险；并从场内资金角度，测算股权质押和两融业务引发市场危机的情况。这些研究均对股票市场压力测试进行了有益的探索，但也存在数据不足、与实际情况相差较远、市场情况特殊等问题。

本节将借鉴相关研究采用的方法，在对测试程序、参数进行优化调整的基础上，继续以案例年 3 月末为时点，对压力情景下杠杆资金的冲击和影响进行测算。考虑到数据可得性，仅以融资融券为例。

一、融资融券压力测试方法与流程

（一）确定承压对象和承压指标

承压对象为股票市场融资融券投资者和业务融出方。承压指标包括总体资金缺口、实际平仓金额和融出方损失。

（二）压力情景设计

压力情景假设为股市在一段时间内累计下跌较大幅度，计算该区间内投资者和市场每个月受到的影响。

在此，沿用股票市场所用的宏观压力情景与该压力情景下股票市场压力点位。本例假设3月末上证综指点位为2800点，将二季度的三个月期间，上证综指点位匀速下降至2500点、2200点和2000点，分别作为轻度、中度和重度压力情景。为动态考察每个月的变化，按照线性外推方法计算三个压力情境下每个月月末的上证综指点位。

（三）压力传导机制

上证综指以轻度、中度、重度情景下跌时，因融资融券投资者持有股票市值下跌，造成维持担保比例下行，部分投资者维持担保比例将低于130%的平仓线。在投资者无法补仓或未能了结交易时，融资融券业务的融出方，即证券公司有权进行平仓操作。对全市场而言，上述情景下投资者的交易行为会对承压指标产生影响，即产生一定的资金缺口、实际平仓金额和融出方损失额。该压力传导机制的测算实现步骤和参数设置如下：

第一步：获取案例年 3 月末所有融资融券投资者的资产负债数据和维持担保比例。

第二步：计算每个情境下的资金缺口。资金缺口是指担保比例低于平仓线时，实际资产价值距离平仓线水平的差值，即资金缺口 = 负债 ×130%– 实际资产。

第三步：计算实际平仓金额。实际平仓金额是指维持担保比例低于平仓线时，融出方实际卖出的证券市值。将资金缺口与实际情形对比后发现，市场快速下跌情况下，尽管资金缺口迅速增长，但由于融入方可通过补仓、提前赎回等多种手段避免平仓，融资融券的实际平仓规模较低，约为资金缺口的 5%。故实际平仓金额 = 资金缺口 ×5%。

第四步：计算融出方损失。融出方损失是指融入方资产小于负债时，即使全部平仓也无法弥补负债，导致资不抵债，对融出方造成的损失金额，即融出方损失 = 负债 – 资产。

二、压力测试结果及主要结论

根据上述方法流程、情景假设和参数设计，我们测算了杠杆资金在股市压力情景下受到的冲击和影响。主要结论如下：

资金缺口扩张速度与下跌时间、下跌幅度成正比。在上证综指匀速下跌情景下，随着时间推移，资金缺口扩张的速度不断提升；若初始压力情景更严重，则资金缺口扩张的速度也有所提升。这种情况与投资者担保比例的分布有关，只有小部分投资者的担保比例接近平仓线或远超过平仓线，大部分都保持在距离平仓线一定程度的安全区间内，因此初步下跌时触发平仓的金额较小，而随着股市进一步下跌，更大部分的投资者才被触发平仓。

融出方损失规模整体可控。在上证综指匀速下跌情景下，虽然出现资不抵债的投资者的资金缺口在不断上升，但规模可控。三种压力情境下，最终的融出方损失金额分别为 106.27 亿元、242.96 亿元和 264.87 亿元，若 3 月末证券公司净资产合计为 6 万亿元，占比分别为 0.18%、0.40% 和 0.44%，损失均较小。大部分融资融券投资者为担保比例保留了一定的安全区间，在压力情景下资产也仍未跌至绝对损失线以下。重度情景下新增损失规模已经明显减小，亦表明大部分投资者的"安全垫"较厚。此外，在实践中，投资者还可通过补仓、协商或主动去杠杆来避免被平仓，因此融出方损失金额难以出现高速增长。

平仓行为对市场影响有限。在三种压力情景中，最终的实际平仓金额分别为 4.94 亿元、13.46 亿元和 24.50 亿元，若 3 月末上市公司流通市值合计 39.58 万亿元，即便是重度情境下占比也不到万分之一，对市场影响整体有限。

第七章 压力情景下风险跨股债市场的传导和影响

　　股票市场和债券市场作为资本市场的两个重要组成部分，面临共同的宏观经济金融环境，在资产定价机制方面存在信息共享，两者之间天然存在着多方面的联系，一个市场的风险很可能通过某种联系纽带传导至另一个市场，进而引发风险的跨市场传导。本章旨在研究股债市场联动的机制和渠道，认识和梳理股债市场之间风险传递的路径和方式，并对压力情景下股市风险向债市传导的情况进行实证检验，以期为防范跨市场风险传导并为跨市场风险监测监控工作提供支持和依据。

第一节　股债跨市场风险传导的路径分析

一、关于股债跨市场风险传导的界定

　　股市和债市因在投资者和发行人两个维度上存在交集而产生联系。从投资者联系的维度看，投资者根据宏观变量或单一市场波动调整在两个市场的资产配置，进而影响另一个市场的价格和流动

性；从发行人联系的维度看，有些企业既是上市公司同时又发行债券，这些企业的经营和财务情况则同时影响股票和信用债。这里，将风险传导界定为：其中一个市场价格下跌或流动性收紧引发另一市场价格下跌或流动性收紧的情况。根据传导的方向，又分为股市风险向债市传导和债市风险向股市传导两个方面。

二、从理论上看，股市风险向债市传导的路径

路径1：因投资者调整资产配置而引发风险传导

当股市下跌时，投资者调整资产配置会出现两种情况，其一是安全资产转移效应；其二是因流动性约束引发的财富效应。通常仅把第二种情况视为风险传导。

一是安全资产转移效应，即当股市不确定性上升时，投资者将资金从股市撤出，投向债市（主要是政府债券），从而带动债券价格上涨。主要逻辑在于，股市下跌导致家庭财富缩水从而影响消费，又通过托宾Q值效应影响企业投资，导致投资者降低对企业未来盈利的预期和对经济增长的预期，从而降低对风险资产的敞口，转向避险资产。这意味着股债价格走势分化，股债回报率相关性下降，甚至由正相关转为负相关。国外学者对安全资产转移效应进行了大量研究，并认为安全资产转移效应是股债回报率相关性呈现时变特征的重要原因。从20世纪末至21世纪初期，全球经济金融的稳定性下降，爆发了拉美货币危机、亚洲金融危机、"9·11"恐怖袭击、2008年国际金融危机等。学者研究表明，在这些情景中，安全资产转移效应均非常明显。学者通常是根据基金的资金流来验证这一效应，有证据表明，在股市下跌期间，货币型和债券型基金吸

引的资金流入增加。

二是财富效应（流动性约束），即流动性约束导致投资者出售资产组合中的各类资产，导致各类资产价格共同下跌。财富效应是引发跨境、跨资产风险传染的主要途径之一。该效应是指，市场上有一类投资者（主要是对冲基金、共同基金等专业机构）在多个市场进行交易或套利，但是面临流动性约束（来自自身的最低资本要求、借款约束或投资者赎回等）；当这类投资者在某一市场上亏损严重时，则会卖出其他市场的资产；这就放大了初始的冲击，引发跨市场风险传染。而且，如果在某一资产上受损的恰好是另一个市场的做市商，则其做市的意愿和能力降低，更有可能削弱市场流动性。更进一步，如果考虑到信息不对称的问题，导致非知情投资者（因无法区分上述资产卖出行为是基于基本面原因还是基于流动性原因）跟风卖出资产，则也会加剧其他市场价格的下跌。Dimitris Petmezas 和 Daniel Santamaria（2014）指出，当股市遭到冲击时，投资者（因在股票投资方面亏损）遭遇融资约束，也被迫卖出债券，即两个市场都出现了不稳定的"流动性螺旋"，导致股债回报率相关性上升，在 2007 年的欧洲银行危机中就出现了此种情况。Boyer 等（2005）研究发现，在亚洲金融危机期间，由于境外投资者将资金撤出新兴市场，本土投资者的流动性约束更加明显，所以同时卖出股票和债券，导致新兴市场国家股票和政府债券回报率相关性上升。

需要注意的是，财富效应要发挥作用，前提通常是金融市场整体流动性比较紧张（例如货币政策收紧，或资金大幅外流）。如果金融市场整体流动性充裕（例如受到货币政策宽松的支持），则更可能出现安全资产转移效应。事实上，结合历史数据和学者的研究，我们倾向于认为安全资产转移效应更加普遍，Jonas Gusset 和 Heinz Zimmermann（2015）发现，正向的货币政策冲击（降息）能够解释股债回报率相关性的变化，因为上世纪 90 年代中期之后，中央银行越来越关注金融市场，对金融市场的指标尤其是股市作出回应；当股市恶化时央行通常降息，而降息推高了债券价格，从而导致股债走势分化。

路径 2：股市融资功能与上市公司经营渠道

股价关系到上市公司再融资的能力。增发和定增的定价都与二级市场的股价挂钩。股价大幅下跌将限制上市公司股权融资能力，对公司经营产生不利影响，甚至可能削弱公司的财务稳健性。部分上市公司股东还通过股权质押进行融资。若股价大幅下跌，则大量依赖股权质押获取的借款需集中补充质押或提前偿付，股东面临的资金周转压力陡增。在极端情况下或出现强制平仓，大股东或丧失对公司的控制权，影响公司的稳定经营，也可能对公司的偿债能力产生不利影响。股价下跌也不利于企业获得银行信贷。根据货币政策传导机制中的资产负债表渠道，当股价下跌时，企业的担保品价值下降，从而净值下降，银行发放贷款会趋于谨慎，导致企业的外部融资成本上升。在上述情况下，如果公司有将要到期的存续债券，则债券兑付风险上升，并可能引发这类信用债的价格下跌和流动性下降。

三、从历史数据看，股市风险向债市传导的实际情况

总体而言，我国股债市场价格变动主要呈现负相关性。股债市

场的价格变动既存在一涨一跌的负相关性，也可能出现同涨同跌的正相关性。而通过计算 2006 年以来我国股债市场价格（上证综指和中证全债净价指数）涨跌幅[①]的动态条件相关系数，发现其在样本区间内呈现负相关性的情况占比约为 53.98%，且最大负相关系数为 -0.97，这表明我国股票市场和债券市场之间可能更多地存在反向变动。特别是，股市曾经历了 4 轮较大幅度的下跌，我们分析了这期间债市运行情况。

　　2007 年 10 月至 2008 年 10 月，股跌债涨，反映了安全资产转移效应。受 2008 年国际金融危机影响，我国外需骤降，经济基本面回落，工业增加值同比增速由 17.9% 降至 8.2%，股市大幅下挫，上证综指从 6124 点急跌至 1664 点。同一时期，中证全债（净价）指数从 2007 年 10 月的 95.21 点涨至 2008 年 10 月的 101.24 点[②]，涨幅为 6.33%。债市上涨一方面受基本面支撑，另一方面是央行为应对金融危机的影响，在 2008 年 9 月至年底实行了 5 次降息、4 次降准，资金面也利好债市。由于在 2008 年国际金融危机期间，投资者避险情绪上升，倾向于配置债券，所以符合安全资产转移效应。尽管股市下跌本身有一定的流动性紧缩效应（金融危机期间，股票月度日均成交金额从 2008 年初的 2000 亿元以上降至 2008 年末的 1000 亿元以下；A 股筹资[③]金额也一度从每月数百亿元降至 100 亿元以下），但由于货币政策的及时干预，财富效应（流动性约束）并未充分显现。

---

　　①样本区间自 2006 年 1 月 4 日开始，将窗口期设定为月度，每月度包含 20 个交易日。

　　②具体区间为 2007 年 10 月 16 日至 2018 年 10 月 28 日。

　　③包括首发和增发。

2009 年 8 月至 2013 年 6 月，股市阴跌，债市震荡下跌，股债运行逻辑有同有异。2009 年 8 月至 2013 年 6 月股市呈现较长时段的阴跌，上证综指从 3478 点跌至 1849 点。一方面是央行为应对"四万亿"刺激引发的经济过热和通货膨胀收紧流动性，在 2010 年至 2011 年共上调准备金 11 次，上调利率 5 次，M2 同比增速由 28.5% 降至 14%。另外，"四万亿"刺激导致的产能过剩问题逐步显现，工业增加值同比增速冲高回落，股市下跌。此期间，中证全债（净价）指数从 2009 年 8 月的 100.45 点跌至 2013 年 6 月的 99.58 点[1]，跌幅 0.86%。实际上在股市阴跌的较长区间，债市呈现震荡下跌行情，其中有三次比较明显的下跌：2009 年 8 月至 2010 年初[2] 债市下跌 1.43%，主要因 2008 年底出台的刺激政策使经济触底回升，基本面迅速企稳，情绪面也对经济复苏有较强的预期。2010 年 8 月至 2011 年 9 月[3] 债市下跌 5.80%，主要受资金面较紧的影响。2013 年下半年央行为控制商业银行同业和理财业务中的期限错配的现象，维持流动性偏紧，此外，这一时期非标资产快速扩张，作为类固收产品对债券资产形成替代，分流了部分投向债市的资金，导致债券价格从 2013 年 5 月中旬持续下跌至 2014 年初[4]，跌幅为 6.63%。在 2010 年 8 月至 2011 年 9 月和 2013 年下半年这两段股债同时下跌的情景中，由于货币政策均呈现偏紧的状态，所以推断是财富效应（流动性约束）在起作用。

2015 年 6 月至 2016 年 1 月，股市急跌，债市上涨，基本面因

---

① 具体区间为 2009 年 8 月 14 日至 2013 年 6 月 25 日。
② 具体区间为 2009 年 8 月 14 日至 2010 年 1 月 18 日。
③ 具体区间为 2010 年 8 月 30 日至 2011 年 9 月 21 日。
④ 具体区间为 2013 年 5 月 16 日至 2014 年 1 月 6 日。

素是主导，资产配置因素推升债牛行情。此期间，上证综指从 5178 点下挫至 2638 点，股市急跌主要受到三个方面的影响，其一，产能过剩问题拖累经济更加明显，经济增速承压；其二，2015 年 8 月"汇改"后，人民币汇率出现大幅波动，资本外流压力加大；其三，严查场外配资触发了股市剧烈的去杠杆，导致投资者恐慌情绪迅速蔓延，对 A 股走势带来较大冲击。债市方面，2015 年下半年后，除了基本面继续利于债市以外，股市的波动使得大量资金由权益市场转向债券市场，推升了债市牛市。此期间，中证全债（净价）指数从 2015 年 6 月的 100.66 上涨至 2016 年 1 月[①]的 103.76，涨幅为 3.08%。从投资者行为看，2015 年 6—9 月，上证综指累计下跌 29.99%，此期间交易所市场混合型基金累计净卖出股票 735.98 亿元，累计净买入债券 19.68 亿元，同期中证全债净价指数累计上涨 1.24%；这也符合安全资产转移效应。

　　2018 年 1 月至 2019 年初，股跌债涨，股债反向运行主要受基本面和情绪面影响。基本面上，2018 年我国库存周期进入下行区间，叠加金融去杠杆的举措使得经济下行压力较大。同时，国际经贸环境恶化，对股市情绪面有较大冲击，上证综指从 2018 年 1 月的 3559 点跌至 2019 年 1 月初[②]的 2464 点。债市方面，基本面和情绪面都利于债市，特别是国际经贸环境恶化使得投资者风险偏好降低，更倾向于投资利率债等安全资产，此期间中证全债（净价）指数从 96.86 涨至 101.75，涨幅达 5.06%。从投资者行为看，2018 年 6—12 月，上证综指累计下跌 18.22%，此期间交易

---

① 具体区间为 2015 年 6 月 12 日至 2016 年 1 月 27 日。
② 具体区间为 2018 年 1 月 24 日至 2019 年 1 月 3 日。

所市场混合型基金累计净卖出股票 219.91 亿元，累计净买入债券 145.83 亿元，同期中证全债净价指数累计上涨 2.40%；这也符合安全资产转移效应。

综上所述，如果股指下跌伴随流动性的整体收紧，则债市价格下跌；但通常在股指大幅下跌时，货币政策通常会转向宽松，所以安全资产转移效应占主导，债市价格上涨。

四、债市风险向股市传导的路径

股市与债市之间的风险传导并不是单向的，在一些条件下，债市风险也会向股市传递，可能的渠道如下：

路径1：流动性冲击渠道

债市流动性通常反映了整个金融市场的流动性（其背后涉及宏观层面的经济金融因素，包括货币政策、跨境资金流动等）。当债市流动性持续紧张且价格下跌时，也意味着整个市场的流动性紧张。尤其是，债券作为回购抵押品融入资金的能力下降，直接加大各类金融机构在货币市场上融资的难度。此时投资者并不会将资金从债市撤出投向股市，而是在流动性约束下，被迫卖出股票等其他资产。有研究（Goyenko & Ukhov, 2009）表明，对债券市场非流动性的正向冲击增加了股票市场的非流动性。从定价的角度看，债市流动性收紧对应收益率上升，从而股票折现率上升，股市估值承压。

路径2：债市融资功能与上市公司经营渠道

当债市发生风险、价格下跌时，债市融资功能受到冲击。这时新发债券难度加大，企业被迫取消或推迟发行，即使能发出债券也面临利率上升的压力。在这种融资环境趋紧的情况下，公司或难以偿还银行借款，或出现利息负担增加，或推迟投资计划，削弱公司正常经营，拖累其盈利水平，从而对股价带来不利影响。

第二节　压力情景下股市风险向债市传导的模型

一、模型介绍

本章采用 STR 模型来进行实证分析。一个简单的 STR 模型（非线性平滑转换回归模型）以两种不同的状态表征研究变量的特征，研究变量可能产生于其中的一种机制，也有可能是两种机制的混合。转换函数决定了研究变量在两机制中的转换，而状态变量则是这种转换的催化剂。

STR 模型的一般形式为：

$$y_t = x_t' \phi + x_t' \theta G(\gamma, c, s_t) + u_t, \quad u_t \sim idd\left(0, \sigma^2\right) \tag{7-1}$$

其中，y_t 为被解释变量，x_t' 为由解释变量构成的向量，包括被解释变量的滞后项和其他解释变量，ϕ 和 θ 为对应的参数向量。转换函数 $G(\gamma, c, s)$ 为有界连续函数[①]，且取值范围在（0，1），其中 γ 为平滑参数，表示从"0"状态转换至"1"状态的转换速度或调整的平滑性，s_t 为转换变量，c 为状态门限值。

根据转换函数 G 的形式不同，STR 模型可分为两种形式，一

---

① 转换函数 $G(\gamma, c, s)$ 的具体形式为：$G(\gamma, c, s_t) = \left(1 + \exp\left\{-\gamma \prod_{\kappa=1}^{K}(s_t - c_k)\right\}\right)^{-1}$，$\gamma > 0$.

是 LSTR1 模型，即转换函数 G 只存在一个状态门限值 c；二是 LSTR2 模型，即转换函数 G 存在两个状态门限值 c_1 和 c_2，且 G 关于（c_1+c_2）/2 对称，当 $s_t \to \pm\infty$ 时，$G \to 1$，当 $s_t \in$（c_1，c_2）时，$G \to 0$，当 $s_t \leqslant c_1$ 或 $s_t \geqslant c_2$ 时，$G \to 1$。

由前文分析可知，股市下跌不同幅度情况下，对应债市是否同跌有一定的不确定性，这表明股市下跌对债市的影响效应可能存在一定程度的非线性。如果简单地以传统最小二乘法通过估计单一线性方程得到的结果可能无法准确刻画在不同状态下股市下跌对债市的影响效应变化。因此，这里考虑构建 STR 模型，以充分揭示当股市价格下跌到不同压力测试点位，其对债市价格的不同影响。

二、变量选取与模型设定

在实证研究股市下跌对债市价格影响时，如果仅仅考察这两个变量之间的关系可能会出现"伪回归"的情况，而如果涉及变量过多，又可能会引发多重共线性的问题。结合已有的文献研究，我们在实证模型中引入反映宏观经济环境的变量和反映流动性水平的变量。

本节设定的 STR 模型具体形式如下：

$$\Delta BP_t = \alpha_0 + \sum_{i=1}^{p} \alpha_i \Delta BP_{t-i} + \sum_{j=0}^{q} \beta_j \Delta SP_{t-j} + \sum_{k=0}^{r} \delta_k \Delta R_{t-k} + \sum_{m=0}^{s} \chi_m \Delta I_{t-m} + \sum_{n=0}^{l} \kappa_n \pi_{t-n}$$
$$+ \left(\mu_0 + \sum_{i=1}^{p} \mu_i \Delta BP_{t-i} + \sum_{j=0}^{q} \sigma_j \Delta SP_{t-j} + \sum_{k=0}^{r} \theta_k \Delta R_{t-k} + \sum_{m=0}^{s} \upsilon_m \Delta I_{t-m} + \sum_{n=0}^{s} \omega_n \pi_{t-n} \right) G(\gamma, c, s_t) + u_t$$

$$(7-2)$$

在模型（7-2）中，ΔBP 为中证全债净价指数当月涨跌幅；ΔSP 为上证综指当月涨跌幅；ΔR 为 7 天期 Shibor 均值变化；ΔI 反映宏观经济增速变量，考虑到 GDP 增速按季度公布，而工业增加值计算得出的经济增长数据平稳性较差，这里拟采用反映宏观经济运行预期的 PMI 指数度量经济运行情况；π 为通货膨胀率 [①]。

第三节　关于股市风险向债市传导的实证检验

一、有关变量的平稳性检验、模型具体形式选择和参数估计

（一）平稳性检验

上一节模型（7-2）中的变量进行 ADF 平稳性检验，结果表明各变量在 5% 显著性水平下均为平稳时间序列 [②]（见表 7-1）。

表 7-1　各变量 ADF 平稳性检验

时间序列	（C，T，L）	ADF 检验	5% 临界值
ΔBP	（C，0，0）	−8.1105	−2.8806
ΔSP	（C，0，0）	−11.9009	−2.8806
ΔR	（C，0，2）	−10.4259	−2.8809
ΔI	（C，0，1）	−11.1165	−2.8807
π	（C，0，11）	−5.9783	−2.8821

（二）STR 模型选择

为了能够进一步明确上证综指涨跌幅与中证全债净价指数涨跌

---

① 实证检验样本数据频率设定为月度，样本区间为 2007 年至 2019 年。

② 模型中各变量的最优滞后期借助 VAR 模型进行确定，结果显示，各解释变量的最优滞后期均为滞后 1 期。

幅之间是否存在非线性关系，需要对设定的 STR 模型进行非线性检验，以确定模型的具体类型。表 7-2 检验结果表明，对于这里设定的 STR 模型，存在两个转换变量，一是上证综指涨跌幅，上证综指涨跌幅的变化对中证全债净价指数的影响效应确实会随着上证综指涨跌幅本身的改变而有所差异，即存在阈值效应；二是市场利率变化，这表明在不同流动性水平下，上证综指涨跌可能也存在对中证全债净价指数的差异化非线性影响。进一步来看，当转换变量为 ΔSP_t 时，对应检验模型为 LSTR2，当转换变量为 ΔR_{t-1} 时，对应检验模型为 LSTR1 模型。

表 7-2　非线性检验结果

转换变量	H0	H4	H3	H2	模型形式
ΔSP_t*	2.0835e−05	2.0559e−01	1.1719e−06	2.2668e−01	LSTR2
ΔSP_{t-1}	6.2380e−02	5.0974e−01	5.5352e−01	4.0272e−03	Linear
ΔR_t	4.3451e−01	9.4156e−01	2.3036e−01	1.5998e−01	Linear
ΔR_{t-1}*	1.5764e−01	1.1447e−01	8.4543e−01	8.4361e−02	LSTR1
ΔI_t	4.0773e−03	2.2531e−01	2.9118e−01	6.1356e−04	Linear
ΔI_{t-1}	1.4008e−02	2.1005e−01	1.9035e−01	9.2839e−03	Linear
π_t	2.3225e−03	2.2236e−02	1.8256e−01	1.6259e−03	Linear
π_{t-1}	3.0256e−03	4.1256e−03	8.1021e−03	2.3681e−01	Linear

（三）STR 模型的参数估计结果

1. 以上证综指为转换变量

上证综指下跌在一定幅度内，会对同期债券市场价格走势产生正向影响效应，但当月债市是否会同跌还要受外部流动性、宏观环境因素影响。当以 ΔSP_t 为转换变量情况下，由表 7-3 LSTR2 模型估计结果可知，当期上证综指跌幅在（ −0.1802，0）区间内，转换函数 $G \to 0$，此时模型的非线性效应不明显，各解释变量与中证全债净价指数之间主要表现为线性关系。其中，当期上证综指 ΔSP_t 对中证全债净价指数影响系数为正，即当股市下跌时，对债市产生同向影响效应，且系数为 0.01039，滞后一期流动性变化 ΔR_{t-1} 对中证全债净价指数产生幅度为 0.02231 的负向影响效应，滞后一期经济增速 ΔI_{t-1} 对中证全债净价指数影响为 −0.02776，滞后一期通胀 π_{t-1} 对中证全债净价指数产生负向影响效应，系数为 −0.01093。

上证综指跌幅超过阈值，其对同期债券市场价格走势产生负向影响效应。当期上证综指跌幅超过下限阈值 −0.1802 情况下，转换函数 $G \to 1$，此时模型的非线性效应明显，各解释变量对中证全债净价指数的影响系数既要考虑线性部分又要考虑非线性结构因素部分。这种情况下，当期上证综指变动 ΔSP_t 对同期中证全债净价指数影响系数为 −0.02347。这表明，当上证综指跌幅较大时，其对同期债券市场价格的影响将转为负向，此时股市下跌对债市产生的"安全资产转移"效应凸显。其余解释变量对中证全债净价指数影响系数正负方向均未变。其中，滞后一期流动性变化 ΔR_{t-1} 对中证全债净价指数影响系数为 −0.00049，滞后一期经济增速 ΔI_{t-1} 对中证全债净价指数影响系数为 −0.00136，滞后一期通胀 π_{t-1} 对中证全债净价指数影响系数为 −0.00438。

表 7-3　STR 模型的参数估计结果（1）（以 ΔSP_t 为转换变量）

变量		估计值	P 值
线性部分 $G(\gamma, c, \Delta SP_t) = 0$	C	−0.00035	0.6080
	ΔBP_{t-1}	0.03290	0.0001***
	ΔSP_t	0.01039	0.0271**
	ΔSP_{t-1}	−0.00232	0.2614
	ΔR_t	0.00254	0.2463
	ΔR_{t-1}	−0.02231	0.0207**
	ΔI_t	−0.00017	0.8252
	ΔI_{t-1}	−0.02776	0.0523*
	π_t	−0.01932	0.5204
	π_{t-1}	−0.01093	0.0642*
非线性部分 $G(\gamma, c, \Delta R_{t-1}) = 1$	C	0.00571	0.1580
	ΔBP_{t-1}	−0.02852	0.1896
	ΔSP_t	−0.02347	0.0698*
	ΔSP_{t-1}	0.00943	0.2764
	ΔR_t	0.00155	0.5356
	ΔR_{t-1}	−0.00049	0.0343**
	ΔI_t	0.01410	0.1005
	ΔI_{t-1}	−0.00136	0.0492**
	π_t	0.02290	0.4149
	π_{t-1}	−0.00438	0.0342**
	γ	1.77651	0.0398**
	c_1	−0.17023	0.0000***
	c_2	0.12158	0.0000***

2. 以利率为转换变量

外部流动性较为宽松状态下，上证综指涨跌对同期债券市场价格产生负向影响。当以 ΔR_{t-1} 为转换变量情况下，由表 7-4 LSTR1 模型估计结果可知，当 ΔR_{t-1} 变化范围在 $\Delta R_{t-1} < 0.001019$ 情况下，转换函数 $G \to 0$，此时模型的非线性效应不明显。当期上证综指涨跌 ΔSP_t 对中证全债净价指数影响系数为负，即当外部流动性较为宽松状态下，如果上证综指上涨，对债市会产生财富转移效应，吸引更多的流动性资金进入股市获取更高投资收益，而如果上证综指下跌，对债市会产生安全资产转移效应，充裕的资金会选择从股市退出进入债市进行避险。此外，滞后一期经济增长和通货膨胀对当期中证全债净价指数产生负向影响效应，仍符合经济增速加快和通胀上涨会导致债市下跌的情况。

外部流动性收紧状态下，上证综指下跌会对同期债市产生同向影响。当 ΔR_{t-1} 变化范围在 $\Delta R_{t-1} \geq 0.001019$ 情况下，转换函数 $G \to 1$，此时模型的非线性效应明显，各解释变量对中证全债净价指数影响既要考虑线性部分，又要考虑非线性部分。其中，当期上证综指涨跌 ΔSP_t 对中证全债净价指数影响系数为 0.00329，这表明，当流动性收紧的情况下，上证综指下跌对同期债市价格产生正向影响，即可能出现股债同跌的现象[1][2]。

---

① 当流动性收紧情况下，股市出现上涨的概率较低，因此不做此种情况的分析。

② 对基于 STR 模型估计得到的结果进行稳健性检验，结果表明，$p(ARCH-LM)=0.7114$，$p(F_{LM})=0.6624$，表明模型的残差序列不存在异方差性；$p(J-B)=0.9929$，表明模型的残差服从正态分布；此外，无附加非线性检验结果表明，本书所构建的 STR 模型完全刻画了数据集非线性特征，模型的非线性特征提取良好，并不存在多余的非线性。

表 7-4　STR 模型的参数估计结果（2）（以 ΔR_{t-1} 为转换变量）

变量		估计值	P 值
线性部分 $G(\gamma, c, \Delta R_{t-1}) = 0$	C	0.00121	0.1059
	ΔBP_{t-1}	0.00532	0.0004***
	ΔSP_t	−0.01886	0.0389**
	ΔSP_{t-1}	−0.00807	0.1029
	ΔR_t	−0.00570	0.1594
	ΔR_{t-1}	−0.01276	0.0418**
	ΔI_t	−0.00624	0.7508
	ΔI_{t-1}	−0.01002	0.0989*
	π_t	−0.01207	0.7844
	π_{t-1}	−0.01837	0.0300**
非线性部分 $G(\gamma, c, \Delta R_{t-1}) = 1$	C	−0.00718	0.0061***
	ΔBP_{t-1}	0.01140	0.1840
	ΔSP_t	0.02215	0.0452**
	ΔSP_{t-1}	0.00352	0.4372
	ΔR_t	−0.00563	0.2786
	ΔR_{t-1}	−0.00127	0.0776*
	ΔI_t	−0.00882	0.1085
	ΔI_{t-1}	−0.00908	0.0444**
	π_t	−0.00828	0.2085
	π_{t-1}	−0.00557	0.0572*
	γ	2.12351	0.0425**
	c	0.00102	0.0000***

二、给定股指压力点位，计算债市价格可能的变动

继续使用之前的假定，某年 3 月末上证综指收于 2800 点。结合第四章测算出的压力情景下的 9 个股指点位，我们将根据上述以

上证综指为转换变量的 STR 模型及其估计结果（即表7–3），计算债市价格可能的变动。

9 个股指点位对应是在股指在一个季度（即二季度）的累计跌幅，而上述模型中的变量用的是股指和债券价格单月的涨跌幅，所以需要对股指下跌的路径进行假定，用股指的单月跌幅测算债券价格的月度变动；再折算成债券价格在一个季度内的涨跌幅。在这里我们分两种情况讨论。

情况 1：股指在二季度匀速线性下跌至预测点位。此种情况下，相当于股指的月度跌幅在 3.93% 至 9.54% 之间，均低于 STR 模型中的阈值 18.02%，所以非线性效应不明显，当期上证综指 ΔSP_t 对中证全债净价指数影响系数为正，即股市下跌，债市价格也随之下跌。结果如表 7–5 所示。

表 7–5　股指匀速下跌至预测点位时债券价格涨跌幅（单位：%）

股指预测点位	股指跌幅	折算成月度跌幅	中证全债净价指数月度跌幅	中证全债净价指数季度涨跌幅
2488	−11.80	−3.93	−1.00	−2.99
2440	−13.51	−4.50	−1.00	−3.01
2344	−16.91	−5.64	−1.01	−3.04
2347	−16.80	−5.60	−1.01	−3.04
2302	−18.40	−6.13	−1.02	−3.06
2211	−21.62	−7.21	−1.03	−3.09
2139	−24.18	−8.06	−1.04	−3.12
2097	−25.66	−8.55	−1.04	−3.13
2014	−28.61	−9.54	−1.05	−3.16

情况 2：股指在 4 月至 5 月总体平稳，在 6 月急速下跌至预测点位。此种情况下，相当于股指在 6 月的跌幅在 11.8% 至 28.61%

之间。对于跌幅超出阈值 18.02% 的情况，存在非线性效应，带来债券价格上升的影响。结果如表 7-6 所示。

表 7-6 股指急速下跌至预测点位时债券价格涨跌幅

上证综指预测点位	股指跌幅（%）	中证全债净价指数涨跌幅（%）
2488	−11.8	0.216
2440	−13.5	0.198
2344	−16.9	0.163
2347	−16.8	0.164
2302	−18.4	0.592
2211	−21.6	0.634
2139	−24.2	0.668
2097	−25.7	0.687
2014	−28.6	0.726

第八章　压力情景下风险跨期现市场的
传导和影响

2010 年 4 月 16 日，我国第一只股指期货产品"沪深 300 指数期货"在中国金融期货交易所正式交易，标志着我国资本市场发展迈出了具有里程碑意义的一步。2015 年 4 月 16 日，上证 50 和中证 500 指数期货上市交易。2022 年 7 月 22 日，中证 1000 股指期货、股指期权产品正式上市。现阶段，我国有沪深 300、上证 50、中证 500 和中证 1000[①] 四个股指期货品种。随着金融工具日益复杂，资本市场改革进程不断加快，有效刻画我国股指期货和股票现货市场的极端风险溢出效应，即压力情景下风险跨期现的传导，对我国资本市场的风险管理和监管政策制定具有重要参考意义。因此，我们根据前面章节的股票市场压力测试设定，结合相关研究的理论基础，初步制定了压力情景下风险跨期现传导的分析方法和流程。

---

① 由于中证 1000 股指期货运行时间较短，这里主要以沪深 300、上证 50、中证 500 为例进行分析。

第一节　风险跨期现传导路径分析

一、关于风险跨期现传导的界定

2008 年国际金融危机后，伴随市场极端事件的频繁发生，投资者为规避极端风险带来的巨额损失，开始将研究重心转向市场极端风险溢出效应，其中包括股指期、现货市场极端风险溢出效应的研究，分析跨市场极端风险的传染效应。极端风险的跨市场传导通常指一个市场的极端波动对另一个市场产生负外部性，进而引发金融危机的跨市场传染和扩散。其中，市场下尾部极端风险是指价格大幅度快速下跌给市场买方投资者造成的巨额资产损失，通常与坏消息公告高度相关；市场上尾部极端风险是指价格快速大幅上涨给市场卖方投资者带来的巨额资产损失，往往受市场利好信息的影响（Jian et al.，2018）。

基于此，本书压力情景下风险的跨期现传导，指压力情景下股票市场的极端波动对股指期货市场产生负外部性，进而引发风险的跨期现传染和扩散。研究股票市场和股指期货市场之间极端风险的溢出效应，对于预测和防范极端风险跨期现传染至关重要，为防范由股指期现货市场联动引发的系统性风险打下基础。

二、风险跨期现传导的路径

（一）信息渠道

有效市场理论认为，当市场有效时，信息会同时到达期现货市场并在两个市场间传递，最终促使期现货价格达到均衡。但是由于期现货市场微观结构、投资者结构等因素存在差异，信息在两个市场间传递效率不同，从而出现价格变动的领先滞后现象。此外，投资者受制于自身有限的注意力和信息处理能力，一般而言不能完美地对信息冲击进行有效的反应，从而使得市场对信息冲击常常表现出反应过度或反应不足。Hirshleifer, Lim & Teoh（2011）构建的理论模型指出投资者的注意力更多地聚焦于显而易见的简单信息，而常常忽视那些需要分析和理解的复杂信息，有限的注意力导致投资者对信息的反应出现偏差。刘杰等（2017）认为短期而言市场对积极消息反应不足，而对消极消息反应过度，反应不足和反应过度的程度受到信息冲击强弱程度的影响。

（二）业务渠道

国内外学术界对于期现市场如何传导、影响一直存在争议。传统观点认为，理性的投机者在市场上买低卖高，会平抑价格。由于交易成本低，信息流入的速度加快，期货市场提供一种信息快速传播的方式，可以促进现货市场的价格发现（Cox, 1976）。但也有不同观点认为，由于股指期货交易的便利性，容易吸引噪音交易者，使得价格偏离基本面，增加波动性，使得市场风险进一步加大（Stein, 1987）。期货市场的高杠杆，吸引过多的投机者进入市场，会增加现货市场的不确定，风险加大，资金成本上升，导致社会的资源错配。

实证研究也没有得到统一的结论。不少研究支持股指期货稳定现货市场的观点。Bessembinder & Seguin（1992）对比 SP500 股指期货推出前后的股票波动率数据，发现指数期货降低现货市场的波动，现货市场波动与期货市场交易量成反比。Bohl et al.（2011）对波兰股指期货市场的研究也发现股指期货的引入并没有增加现货市场的波动率。对于中国香港市场，引入恒生指数期货后恒生指数成分股的波动率也没有发现明显的增加（Kan，1997；Lee & Ohk，1992）。另一类实证研究发现，股指期货推出后，现货波动率有所增加。Harris（1989）对比 SP500 指数成分股与非成分股，认为股指期货的开通导致更多的噪声交易，从而增大现货市场波动。Kamara et al.（1992）发现，SP500 指数日度收益的波动率在股指期货推出后有所增加，但月度收益波动率基本没有变化。

现有的对我国股指期货与现货市场关系的研究，则主要侧重于股指期货市场的引入对于现货市场波动率的影响（Bohl et al.，2015；Hou & Li，2014；Xie & Mo，2014），以及对股指期货与现货市场波动溢出以及价格发现功能的探讨（戴方贤和尹力博，2017；陈创练和黄跃，2014）。多数研究发现，引入股指期货可增加更多的投资者交易，提高现货市场流动性，提高市场效率，减少股票市场波动性从而能够平稳市场（Chen et al.，2013；Bohl et al.，2015；Xie & Mo，2014；郦金梁等，2012；曹栋、张佳，2017；戴方贤、尹力博，2017）。不少学者发现，沪深 300 股指期货市场与现货市场波动之间存在相互溢出效应（刘晓彬等，2012；陈创练和黄跃，2014；周爱民和韩菲，2017）。值得注意的是，股指期货市场深度影响其职能的发挥（郦金梁等，2012），流动性过低将增加市场冲击成本（Almgren，2001），出现价格跳跃风险（魏平、梁晨，2013）。而杨阳、万迪昉（2010）发现股指期货上市初期，投机氛围较浓，现货市场波动增大。2015 年市场出现异常波动，中金所出台股指期货交易限制政策，Han & Liang（2017）和黄瑜琴（2018）认为这一政策降低了现货市场流动性和波动率。谢太峰（2017）则认为政策对现货市场波动影响不显著，股指期现货间波动传递机制尚未完全形成，股指期货加大现货市场波动性观点不成立。

三、跨期现传导分析的目的

一是测算和评估发生系统性风险的概率和严重程度。严重的系统性风险发生的概率非常小，但如果发生其造成的后果将非常严重。在压力情景下风险的跨期现传导分析（简称跨期现压力测试）就是要评估在极端情景下，股票市场受到冲击后，股指期货市场的稳健性和受影响的机构或资产规模占比。

二是评估单体金融机构或其他重要投资者的脆弱性，揭示出具有系统性影响的高风险机构或投资者。在开展跨期现压力测试的过程中，通过敏感性分析或模型推导，发现哪些机构或投资者如果发生违约风险，会在股票市场和期货市场同时带来较强的传染性，这些机构或投资者被认为"太关联而不能倒"。此外，通过测试还可以发现一些机构或投资者极容易受到市场波动或其他投资者违约的影响，这些机构或投资者被认为具有"脆弱性"。

三是减小信息不对称程度，提前预防和处置潜在的跨期现风险传导。通过跨期现压力测试，有效减小监管部门和金融机构之间信息不对称的程度，对"太关联而不能倒"的机构或投资者进行风险提示、提高保证金比率等，推动其改进经营管理模式、提高风险防控能力。如果风险已经初步出现跨期现传导，监管部门可采取措施切断脆弱性机构或投资者与传染源之间的联系，或向脆弱性机构或投资者提供适当的资金周转渠道以增强稳健性，在市场流动性差时有效阻断去杠杆化引发的流动性危机蔓延，把跨期现风险传导造成的市场损失降到最小。

第二节　压力情景下风险跨期现传导影响检验

一、基于历史情形推断不同压力情景下期现货基差变化

股票市场和期货市场作为重要的资本市场构成，其本身市场运行有一定的规律可遵循。基差率是反应股指期现货价格联动情况的重要指标。我们基于我国股票市场和股指期货市场运行的历史情形分析，推断不同压力情景下，我国股指期现货基差变化情况，分析风险跨期现传导的价格影响。

历史恐慌时，股指期货基差率整体分布呈双峰；中证 500 基差率水平最高，近二成交易日基差率超过 5%。以 2015 年 6 月至 2016 年 1 月共 166 个交易日为参考期，这期间三大股指迅速下跌，对应股指期货快速贴水，基差率整体分布呈双峰态势。其中，沪深 300 基差率均值 2.1%，中位数 1.9%，有 11 个交易日基差率超过 5.0%，频次达 6.6%；中证 500 基差率均值 3.3%，中位数 3.1%，有 30 个交易日基差率超过 5.0%，频次达 18.1%；上证 50 基差率均值 1.5%，中位数 1.2%，有 5 个交易日基差率超过 5.0%，频次达 3.0%。

历史经验表明，现货上涨后期，期货过快升水，预示市场过热；下跌阶段，期货逐步贴水，反弹加剧恐慌。以 2015 年"上

涨—下跌"为一个周期，在现货上涨阶段，期货价格主要围绕着现货价格波动，基差率呈小幅震荡，反映投资者情绪较为稳定，期货价格锚定现货价格。但在现货上涨后期，基差率呈现明显负向扩大，反映投资者情绪出现过热化，现货价格接近峰值。例如，2015年6月1日，沪深300负基差率达到3.4%的峰值，领先现货价格峰值点（6月8日）5个交易日。在现货下跌阶段，基差率正向逐步扩大，并且"下跌—反弹"过程中出现明显的正基差扩大现象，在一定程度上反映了风险时期的小幅反弹可能加剧市场的恐慌情绪。例如，2015年9月2日，沪深300正基差率达到11.9%的峰值，滞后现货价格低点（8月26日）5个交易日，此时现货价格较6月8日峰值点累计下跌37.1%、较8月26日低点反弹11.2%。

中证500和上证50期货上涨阶段特征强于沪深300，但下跌阶段特征分化。在现货上涨阶段，中证500指数和上证50指数基差率较现货价格有领先特征。中证500负基差率在2015年6月1日达到峰值5.1%，领先现货价格峰值点（6月12日）9个交易日；上证50负基差率在2015年5月29日达到峰值3.2%，领先现货价格峰值点（6月8日）7个交易日。在现货下跌阶段，中证500基差率较现货价格走势并无明显领先特征，并且基差率波动较大、多有反复；上证50基差率正向扩大，与沪深300"下跌—反弹"阶段表现趋同。

与日数据相比，日内高频数据特征显著性有所降低。结合日内高频数据看，三大指数基差率变化与日数据基本一致，短期持续下跌加剧恐慌。市场恐慌情绪在下跌初期并未立刻显现，在下跌到一定程度后恐慌情绪才集聚爆发；当累计跌幅足够大后，恐慌情绪略有缓和，但此时若现货价格继续下跌，恐慌情绪有再度升温可能。

以中证500为例，以2015年6月15日至2015年7月8日（17个交易日）为一个下跌周期，在现货下跌初期（前6个交易日，现货累计下跌13.0%）正基差率较低。随着现货的进一步下跌（第7至第13个交易日，现货累计下跌22.0%），正基差逐步扩大后进入大幅震荡区间。当现货已累计较大跌幅后（第14至16个交易日，现货累计下跌13.7%），基差进入正负震荡区间。当现货下跌至本阶段尾部时（最后一个交易日，现货当日下跌2.4%），正基差迅速扩大。

在现货下跌反弹过程中，以2015年7月9日至23日（11个交易日）为例，反弹初期（第1个交易日，4.5%）正基差率较高；随着现货反弹幅度的增大（第2、3个交易日，现货累计上涨11.6%），正基差迅速缩小并转为负基差，但负基差维持不足一个交易日，再度转为正基差，并维持高位，反映市场情绪从反弹前期的逐步缓和转向中后期的再度恐慌。

二、跨期现压力测试方法与流程

（一）确定承压对象和承压指标

承压对象为股指期货市场及市场参与者。承压指标包含基差率、市场保证金率、强制平仓比率（不追加保证金情况）、面临强制平仓（保证金率设置具体警戒数值）的机构数量、保证金缺口、平仓亏损规模、亏损机构数量等。

（二）选择压力因素和压力指标

假定期货市场投资者与现货市场投资者获得相同的外部信息，

不考虑外部信息对期货市场的单独作用，只考虑相同压力情景下，股票市场承压带来的风险，通过跨期现传导，对股指期货市场的影响。因此，此处的压力因素仅考虑股票市场承压，压力指标主要包括股票市场压力点位、股票市场流动性缺口规模等。

（三）设计压力情景

一是沿用股票市场所用的宏观压力情景与该压力情景下股票市场压力点位。在综合考虑压力测试极限条件的充分性和经济运行的现实性后，经过模型测算和主观判断调整，最终确定的宏观经济下行压力情景环境指标数值如表 8-1 所示。基于以下宏观情景的设定结果，即可进行股指在压力环境下的运行中枢测算。

表 8-1　宏观经济下滑的三种情景[①]（单位：%）

压力情景	消费同比	投资同比	出口同比	工业增加值同比	M1同比	M2同比	CPI同比	银行间7天回购利率	PMI	人民币汇率
轻度下行	7.0	4.0	−10	5.45	5.6	7.5	2.2	2.0	45.0	7.1
中度下行	6.0	3.0	−20	3.72	4.8	6.5	2.3	1.5	42.0	7.2
重度下行	5.0	2.0	−30	1.84	3.2	5.5	2.5	1.0	37.0	7.3

二是在股票市场极端情况下对股指期货的表现与作用测算。在假设 3 个月内期货与现货价格累计下跌 30%，市场交易正常运行的市场大幅波动情形下，以及假设 3 个月内期货与现货价格累计下跌 40%，市场交易超过正常值 30% 或流动性枯竭的市场异常波动情形下，依据股指期货日度、日内数据建立计量模型，测算不同开仓量对市场的影响。

（四）选择测试方法

要评估压力情境下现货市场对期货市场的影响，主要有以下几

① 铺灰底的数值为预先设定的基本参数。

类传统方法：第一类是指标对比。主要研究股票市场异常波动前后对期货市场的影响，通过加虚拟变量对比前后相关股指指标。第二类是横截面的对比。主要对股指期货对应的指数成分股和其他股票波动率进行对比。第三类是时间序列法。例如 GRACH、MARKOV-SWITCHING-GARCH、AR-GJR-GARCH-M 和 DCC-MGARCH 等模型。这里将股票市场压力因素作为虚拟变量引入模型，观察因素变化对期货市场波动性的影响，随后引入市场代理变量进一步完善模型，利用 EGARCH 和 GARCH-M 模型进行稳健性检验；将股指期货同期交易数据作为外部变量引入模型，观察期现货是否存在明显波动影响机制，同时利用 EGARCH、GARCH-M 和 TGARCH 模型进行稳健性检验。两部分实证过程相辅相成，力求从实证角度得出与当前压力情景下跨期现风险情况相适应的结论与对策。

（五）具体模型

1. ARMA 模型

ARMA 模型也叫作自回归移动平均模型，由自回归模型（AR 模型）与移动平均模型（MA 模型）组合构成。若观测对象受到自身变化及当期和前期随机误差项的影响，那么可以建立 ARMA（p，q）模型如下：

$$y_t = \varphi_0 + \sum_{i=1}^{p} \varphi_i y_{t-i} + \sum_{k=1}^{q} \theta_k \varepsilon_{t-k} + \varepsilon_t \qquad （8-1）$$

其中，p 为 AR 过程的滞后阶，q 为 MA 过程的滞后阶，p 和 q 都是非负整数；ε_t 为随机误差项，要求为白噪声过程。

2. GARCH 族模型

金融资产收益率序列通常具有尖峰厚尾和波动集聚的特点，这使得经典的最小二乘回归无能为力。对此 Engle 提出自回归条件异方差模型（ARCH 模型），随后 Bollerslev 进行了改进推广，提出广义自回归条件异方差模型（GARCH 模型），改善了 ARCH 模型阶数过大和参数估计不精确等问题，GARCH 模型成为目前最常用的异方差序列拟合模型。GARCH（p，q）模型定义如下：

$$y_t = \beta x_t + \varepsilon_t, \quad \varepsilon_t = \sigma_t \eta_t$$

$$\sigma_t^2 = \omega + \sum_{i=1}^{q} \alpha_i \varepsilon_{t-i}^2 + \sum_{k=1}^{p} \gamma_k \sigma_{t-k}^2, \quad \eta_t \sim N(0, 1) \tag{8-2}$$

上式为均值方程，下式为方差方程，σ^2 是误差项的条件方差，$\omega > 0$，$\alpha_i \geqslant 0$，$\gamma_k \geqslant 0$，另外，为了保证 GARCH（p，q）是宽平稳的，模型系数还应满足：

$$\sum_{i=1}^{q} \alpha_i + \sum_{k=1}^{p} \gamma_k < 1 \tag{8-3}$$

GARCH 模型存在非负限制以及系数和小于 1 的约束条件，且无法刻画金融资产价格波动受信息好坏影响的非对称特征，因此依然存在局限性。为此，学界构造出多个 GARCH 模型变体，组成了 GARCH 模型族。常见的有 TGARCH、EGARCH 和 GARCH-M 等。出于聚焦研究主题的考虑，这里对三种 GARCH 族模型仅作简单说明。TGARCH 也称作门限 GARCH 模型，主要刻画的是金融资产价格对利好和利空消息的非对称反应（即杠杆效应）。TGARCH 的条件方差模型为：

$$\sigma_t^2 = \omega + \sum_{i=1}^{q} (\alpha_i + \lambda_i I_{t-i}^-) \varepsilon_{t-i}^2 + \sum_{k=1}^{p} \gamma_k \sigma_{t-k}^2, \quad I_{t-i}^- = \begin{cases} 1, \varepsilon_{t-i} < 0 \\ 0, \varepsilon_{t-i} \geqslant 0 \end{cases}$$

$$\tag{8-4}$$

λ_i 具体指示杠杆效应。常用的 TGARCH（1，1）模型结构如下：

$$\sigma_t^2 = \omega + \alpha_1 \varepsilon_{t-1}^2 + \lambda_1 I_{t-1}^- \varepsilon_{t-1}^2 + \gamma_1 \sigma_{t-1}^2 \tag{8-5}$$

EGARCH 也称作指数 GARCH 模型，同样用来刻画非对称效应，不同的是 EGARCH 模型放宽了模型中参数的非负约束，常用的 EGARCH（1，1）的条件方差方程为：

$$\ln \sigma_t^2 = \omega + \alpha_1 \left| \frac{\varepsilon_{t-1}}{\sigma_{t-1}} \right| + \lambda_1 \frac{\varepsilon_{t-1}}{\sigma_{t-1}} + \gamma_1 \ln \sigma_{t-1}^2 \tag{8-6}$$

资产本身的风险和收益往往具有正相关关系，GARCH-M 模型将条件标准差引入均值方程来刻画这种关系，形成依均值的 GARCH 模型，模型结构为：

$$y_t = \beta x_1 + \rho \sigma_t^2 + \varepsilon_t, \; \varepsilon_t = \sigma_t \eta_t$$

$$\sigma_t^2 = \omega + \sum_{i=1}^q \alpha_i \varepsilon_{t-i}^2 + \sum_{k=1}^p \gamma_k \sigma_{t-k}^2, \eta_t \sim N(0,1) \tag{8-7}$$

σ_t 可被替换为 σ_t^2 或者 $\ln \sigma_t^2$。系数称为风险溢价指数 ρ，表示由于承担风险获得的报酬。

3. Holy Grail 冲击成本模型 [1]

在测量金融市场的冲击成本的时候，Robert Kissell 和 Morton Glantz 认为计算冲击成本的主要考虑因素有如下几个：第一，市场的冲击成本与相关交易的规模、股票供求失衡所造成的市场不均衡程度呈正性相关关系。相关交易规模越大，市场不均衡程度越高，市场冲击成本越高。第二，市场冲击成本与价格波动率相关。股票波动率越大，其价格弹性也越大，所造成市场冲击成本也就越大。

---

① Holy Grail 冲击成本模型是由 Robert Kissell 和 Morton Glantz 二人开发出来的。

第三，市场的冲击成本与交易强度相关，激进的交易策略将导致较高的市场冲击成本；反之，保守的交易策略所造成的市场冲击成本较低。最后，市场的冲击成本与当时的市场条件相关。较高的市场流动性导致较低的交易成本，较低的市场流动性导致较高的交易成本。

Robert Kissell 和 Morton Glantz 将冲击成本分为临时性冲击成本和永久性冲击成本，其中临时性冲击成本是由流动性需求引起的，永久性冲击成本主要是由信息泄露所造成的。由此，我们可以将市场的冲击效应用以下公式表示：

$$MI = \alpha I + (1-\alpha)I \tag{8-8}$$

α 代表临时性冲击成本的百分比，$1-\alpha$ 为永久性冲击成本的百分比，I 为总的市场冲击成本，I 由股票波动性和市场不均衡的程度来决定。

流动性需求者支付临时性成本，永久性冲击成本是市场不均衡水平的函数。计算每股的临时性冲击成本和永久性冲击成本，公式如下：

$$\bar{k} = \frac{\alpha I}{V_{side}}, \quad \bar{f} = \frac{(1-\alpha)I}{Q} \tag{8-9}$$

交易 X 只股票所造成的冲击成本为：

$$MI(X_k) = X\left[\frac{\alpha I}{V_{side}} + \frac{(1-\alpha)I}{Q}\right] \tag{8-10}$$

V_{side} 为流动需求的交易量，Q 为市场净不均衡水平。

此外，交易风格也会影响总体的冲击成本，激进的交易策略将导致较高的市场冲击成本，反之则造成的冲击成本较低。在同一时间段内，临时性冲击成本的比例与不均衡水平的比例相等，假设 q_k 为特定时间段 k 的净不均衡水平，那么在统一时间段内的临时性冲击成本的百分比为 q_k/Q，设定 X_k 代表特定时间段 k 的交易量，得出公式为：

$$MI（X_k）= \sum_{k=1}^{n} X_k \left[\frac{q_k}{Q} \times \frac{\alpha I}{V_{side}} + \frac{(1-\alpha)I}{Q} \right] \qquad （8-11）$$

三、结果分析

跨期现压力测试的结果展示一般分为两部分内容：第一是基于不同情景冲击下，比较研究压力测试的结果。例如，分析在不同的股指压力点位下，风险跨期现传导导致各品种股指期货的贴水幅度以及重要机构或投资者的保证金缺口。第二是通过一些定量指标来分析股指期货市场受风险跨期现传导影响的程度。例如，使用广度、深度和强度指标来观测一段时期内风险跨期现传导对股指期货市场的影响。广度是指受影响的机构或投资者数量，深度是指风险冲击的轮次，强度是指强制平仓等行为造成亏损占相关资产规模的比重。

我们基于正常市场环境、市场大幅波动、市场异常波动 3 种情形，分别测算了单日开仓限额提高至 50 手、80 手、100 手时所产生的冲击成本。研究发现在正常市场环境下，提高开仓限额对市场冲击有限；在异常情况下，股指期货仍可能会出现深度贴水的情况。但目前，我国股指期货制度设计较为合理，跨期现操纵市场的难度极大，股票质押风险对股指期货影响不大。

以沪深 300 为例，综合考虑期现货价格、成交、市场波动出现交叉作用，正常市场环境下提高开仓限额至100手以下，不会影响期货、现货指数；在市场大幅波动、异常波动的环境下，提高开仓限额对期现货指数的冲击均在800点至1100点之间，若只考虑开仓限额单因素的冲击，则对期货、现货指数的影响均不足4点（见表8-2）。这表明在市场异常环境下，通过信息渠道传导，依然会出现股市异常波动期间期货深度贴水的状况，对投资者预期产生冲击。此外，提高开仓限额对上证50期货影响可控，对上证50现货指数、中证500期货与现货指数均无显著影响。

表8-2　期货现货指数冲击成本测算（单位：点）

分类		50手			80手			100手		
		正常环境	大幅波动	异常波动	正常环境	大幅波动	异常波动	正常环境	大幅波动	异常波动
沪深300期货	多因素	–	1101.5	1098.2	–	1098.2	1098.2	–	1099.0	1099.0
	提高开仓单因素	3.3	3.3	0.0	5.3	5.3	0.1	6.6	6.6	0.8
沪深300现货	多因素	–	828.1	862.7	–	820.8	855.4	–	822.5	857.1
	提高开仓单因素	7.4	7.4	0.1	11.8	11.8	0.1	14.8	14.8	1.9
上证50期货	多因素	21.7	109.9	78.2	44.0	132.2	79.7	58.8	147.1	80.7
	提高开仓单因素	37.2	37.2	2.5	59.5	59.5	3.9	74.3	74.3	4.9

第三节　风险跨期现传导渠道实证分析

由前文的历史经验数据分析和实证检验结果可知，股票市场对股指期货市场有显著的下尾部极端风险溢出效应，股指期货市场对股票市场有显著的上尾部极端风险溢出效应。当股票市场主要指数跌至不同压力测试点位情况下，同期股指期货确实有出现深度贴水情况。主要由于风险通过信息渠道传导，短期内出现市场对积极消息反应不足，而对消极消息反应过度。而从业务渠道看，我国股指期货标的指数选取了流动性好、成分股多、市值高的宽基指数，按现阶段沪深300指数900亿元的日均成交水平测算，至少需要千亿元资金才可能实现跨期现操纵。并且考虑到各类投资者策略多样化的对冲效应，整体风险扩散情况可控。

趋势性投资者为市场主力，其各品种交易相对独立，预期与交投分化。根据我们测算，我国跨市场投资者中，趋势性交易投资者总数占比超98%，是绝对主力。以2018年情况为例，趋势性投资者各品种交易相对独立，主要净买入A股、ETF等现货类资产，股指期货开多规模大于开空规模。结合价格走势看，趋势性投资者A股交易方向与大盘走势呈"同步正相关"，整体相关系数为0.7；同期，其他品种交易与价格相关性并不显著，一定程度上表明趋势性投资者内部预期与交投分化。

基差过高时，期现套利投资者"买期卖现"，基差过低时反之，不同方向策略对市场影响分化。期现套利投资者交易行为与单一品种价格走势无关，与基差（现货价－期货价）相关。以沪深300为例，基差过高时，期现套利投资者通过"净卖出A股、开多平空股指期货"构建策略，促进基差收敛。以2018年情况为例，基差过高天数为11天，这期间期现套利投资者净卖出A股，股指期货开多平空，进行期现套利。期现套利次日，基差收窄概率为90.9%。

基差过低时，期现套利投资者通过"净买入 A 股、开空平多股指期货"构建策略，促进基差回归。以 2018 年情况为例，基差过低天数为 6 天，这期间期现套利投资者净买入 A 股，股指期货开空平多，进行期现套利。

第九章　压力情景下对银行、保险等相关行业的冲击和影响

　　银行、保险、信托等金融机构是金融市场的重要组成部分，与股市有着千丝万缕的关联，来自银行、保险的资金也是股票市场交易的重要资金来源。当股市大幅下跌时，市场风险将通过各金融机构在股市中的风险敞口传导至股市外，不仅影响金融机构的经营情况，还会使得风险外溢至股市外的金融体系，极易引发系统性风险。此外，银行和保险是 A 股的权重板块，由于其顺周期的特性，经营业绩很可能随经济下行而恶化，进而使其股价承压，成为大盘下跌的重要推手。

　　本章梳理了银行、保险、长期资金等相关主体受股市下跌的影响路径及初步的测算方法，以 3 月末为基期，剔除 9 种压力情景中重合的股指中枢点位，测算 6 月末在轻度 2500 点、中度 2200 点和重度 2000 点三个中枢点位下，银行、保险等机构各项资本充足指标及盈利能力指标的承压情况，从而确定这些冲击对金融机构经营情况的影响。

第一节　银行体系受到的冲击和影响

根据中国银保监会监管规定，银行自有资金和信贷资金不能直接流向股市，但大量银行理财资金通过证券基金经营机构进入股市，银行自有资金则通过多个渠道间接进入股市。我国商业银行主要受到银保监会和央行两大主体的监管，主要监管指标包括资本充足类指标、资产质量类指标、盈利能力指标等。本节将主要总结银行体系受股市下跌的影响路径，并选取银行核心一级资本充足率和资产利润率作为承压指标，测算在压力情景下，银行由于自有资金受损，经营情况受到的影响。

一、银行体系受股市下跌的影响途径

（一）两融收益权

银行根据证券公司的评级和净资本等条件给予其一定授信额度，再用自有资金或理财资金对接融资债权收益权，证券公司通过转让与回购的交易方式，以两融收益权向银行质押贷款。证券公司获取资金后，基本用来对接融资融券业务的资金需求，转换率极高，基本可以认定这部分资金全部融给了证券公司的客户，通过融资买入方式进入二级市场。

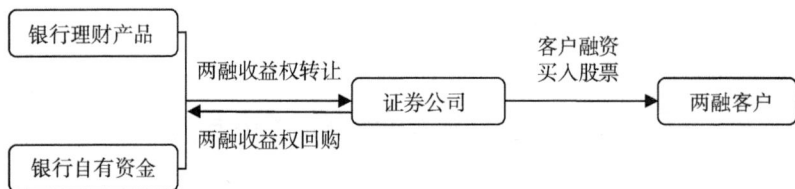

图9-1 两融收益权转让业务流程（箭头方向代表资金流向）

（二）结构化产品优先级资金平仓

商业银行理财新规中规定，银行理财子公司以自有资金投资于本公司发行的理财产品，不得超过其自有资金的20%，不得超过单只理财产品净资产的10%。因此，银行自有资金可通过银行理财进入各类结构化投资产品，即银行自有资金通过投资信托产品、基金专户和证券公司资管产品从而间接进入股市。

在各类结构化投资产品中，银行理财、自有资金等资金提供方作为优先级资金提供者，获取固定收益，利率约6%左右；劣后客户为融资方，通过杠杆融资并委托投资顾问进行股票投资，承担支付给优先级投资者的固定成本，享有股票市值上涨的超额收益，并承担市值下跌时的损失；信托公司、基金子公司等主要提供产品通道，负责对信托产品、基金产品等的投资情况和风控进行监控，收取管理费，纯通道管理费率为5‰—7‰，如参与了优先级资金联系或产品销售，则会相应提高费率；证券公司则提供经纪业务服务以及 PB 信息系统使用服务，收取佣金手续费，费率在万八左右，如果参与了产品销售将会收取相关业务提成，也会在券商资管产品中担任提供产品通道的角色。

对结构化产品而言，只要不出现市场流动性枯竭的极端情景，平仓机制便能够保证银行理财与自有资金这类优先级资金不遭受损失。

（三）股票质押贷款

符合条件的资金融入方以所持有的股票或其他证券质押，向证券公司或证券公司资产管理计划融入资金，并约定在未来返还资金、解除质押。其中，以资管计划作为出资人的部分，由于资管计划优先级基本为银行理财产品与银行自有资金，导致银行自有资金通过该业务间接进入股市。但股票质押回购对融出资金的用途并未做限制，仅要求融资客户签署不投资于两高一剩等行业的承诺，对接股票质押回购的银行自有资金进入股市的转换率尚不明确。

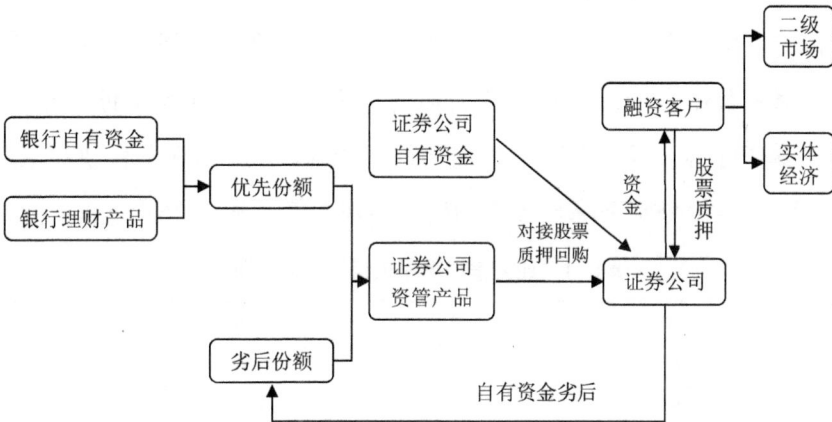

图9-2　股票质押回购业务流程

对场外股票质押而言，由于质押率普遍较低，银行自有资金也较为安全。按30%的平均质押率测算，在最极端情景下，场外股票质押的平均履约保障比例为220%，距离150%的预警线仍有较厚的"安全垫"。但当股市大幅下跌时，也有可能触及预警线，因此需严控场外股票质押比例，谨防快速下跌时对银行自有资金造成的损失。

（四）国有上市银行再融资受阻

根据相关规定，国有上市银行进行股票再融资的前提条件是市净率高于1。"非标转标"等业务变化大幅增加了商业银行资本金的压力，银行迫切需要通过再融资补充资本金。股市持续下跌将会影响其未来增资扩股、稳健经营的能力。

二、压力情景下银行经营情况分析 —— 以两融收益权为例

考虑到数据可得性，我们以两融收益权为例，分析压力情景下银行的经营情况。当股市大幅下跌时，两融业务大幅萎缩，根据第五章第一节压力情景下对证券公司的冲击中两融余额与上证综指的弹性测算可得，当上证综指分别下跌至2500点、2200点和2000点时，两融余额分别下降至8152亿元、8082亿元和8036亿元。

表9-1 压力情境下相关指标计算数据

指标	压力情景		
上证综指（点）	2500	2200	2000
两融余额（亿元）	8152	8082	8036
收入损失（亿元）	0.56	1.09	1.44

两融业务交易对手大多数为银行自有资金和理财产品，少量两融收益权转让部分资金对接集团财务公司或以产品形式在区域性股权交易市场发行融资。按照过往数据推算，收益权转让余额占融资融券余额的50%左右；银行一般根据证券公司的资质审查情况给予不同的利率，整体平均年化利率为6%左右。据此可计算出压力

情景下，银行两融收益权业务收入在二季度损失金额分别为 0.56 亿元、1.09 亿元和 1.44 亿元。由于两融收益权中以银行理财产品资金为主，银行自有资金所占比例较低，银行自有资金在两融收益权业务中受到的冲击影响较低。

按照过往数据推算，极端情景下，银行在两融收益权业务的损失至多影响其净利润的 0.03%，对一级资本充足率以及资产利润率这两个承压指标的影响不足万分之一。

在只考虑两融收益权的情况下，我们发现股市大幅下跌对银行经营情况的影响较小。整体来看，大部分银行自有资金投资于债券及货币市场，直接或间接暴露于股市中的资金比例较低，因此即使受到股市下跌冲击，该部分资金的损失对各类监管指标的影响不大，很难影响到银行机构经营情况。

值得注意的是，贷款业务质量是影响银行经营的主要因素，股市下跌的背后往往是上市公司质量的下降，实体经济下行给企业带来的经营压力可能会传导至银行的贷款业务，这个过程是较为漫长的，但往往会引发整个金融体系的风险，不容忽视。

第二节　保险、信托受到的冲击和影响

保险和信托的大量资管产品投资于股市，作为代理人／管理人，该部分资管产品的违约会给机构本身带来道德风险，并对其未来的持续经营形成挑战。此外，保险公司和信托公司也有部分自有资金投资于股市，在鼓励长期资金入市的背景下，保险产品投资股市的

比例也在逐渐增加，当股市大幅下跌时，保险公司与信托公司将由于持有资产减值而出现账面浮亏，进而影响其资本充足类监管指标质量。本节将主要分析保险公司自有资金、保险产品和信托公司自有资金在股市中的投资情况，并选取保险公司偿付能力充足率和信托公司的净资本指标作为承压指标，测算在压力情景下，保险公司和信托公司经营情况受到的影响。

一、保险和信托公司在股市中的投资情况

（一）保险资金

保险公司自有资金。根据 2014 年中国保监会发布的《保险资金运用管理暂行办法》，保险资金是指保险集团（控股）公司、保险公司以本外币计价的资本金、公积金、未分配利润、各项准备金及其他资金。而其中，资本金、公积金、未分配利润等所有者权益类的资金即为自有资金，是按财务制度规定企业可支配的各种自有资金。保险准备金则指的是保险人为履行其承担的保险责任或应付未来发生的赔款，从所收的保险费或资产中提留的一项基金，包括未到期责任准备金、未决赔款准备金、寿险责任准备金等。保险产品资金，是保险公司为市场提供有形产品和无形服务而获取的资金，是保险公司可运用资金的主体。

中国银保监会数据显示，2021 年末保险业资产总额达 24.89 万亿元，同比增长 6.82%；保险资金运用余额 23.23 万亿元，其中，银行存款 2.62 万亿元，债券 9.07 万亿元，股票和证券投资基金 2.95 万亿元。2021 年末，保险资金投资股票规模占 A 股市值的 3.2%，是重要机构投资者，但与发达国家相对成熟的市场相比，保

险资金投资比例仍有较大的增长空间。

现阶段，我国保险业仍处于改革发展中，面临行业竞争不充分、产品有效供给不足、居民保险意识不强等问题。以 2021 年为例，年末保险业资产规模约占我国金融业总资产的 6.8%，远低于发达国家 25% 至 30% 的水平。

根据《关于加强和改进保险资金运用比例监管的通知》，保险资金运用相关监管指标将股票、股权统称为权益类资产，并设置 30% 投资比例上限，但 2013 年至 2018 年我国保险机构权益类资产的配比平均为 12.6%，远低于 30% 的上限，这可能与我国保险产品的结构有关。传统寿险是我国保险产品的"绝对主力"，但规定的股票投资上限仅为 5%；投向限制较少的万能险和投连险①规模占比偏低。相比而言，美国寿险产品中具备投资功能的独立账户配置股票的比例平均达到 80%，而且其规模占美国寿险总资产的近四成，从而大幅推升了美国寿险公司配置股票的总体比例（达 30% 左右）。

在 2019 年 7 月的国新办发布会上，中国银保监会有关人士透露，银保监会正在积极研究提高保险公司权益类资产的监管比例事宜。2020 年 7 月该比例继续放开，保险公司上季末综合偿付能力充足率为 350% 以上的，权益类资产投资余额最高可占上季末总资产的 45%。然而，虽然保险资金权益类配置比例限制不断上调，市场行情也受到过短期提振，但险资实质上提高入市比例的进程还"不尽如人意"，甚至出现险资入市比例在 2020 年限制松绑后却明显下

---

① 我国规定万能险投资股票的比例不得超过该产品总资产的 80%，对投连险则无限制。

降的现象。市场观点认为，下一步考虑在审慎监管政策下，可能将赋予保险公司更多的投资主动权，进一步提高证券投资的比重。据长城证券测算，如果权益投资比例提升至40%，理论上将给股市带来万亿增量空间。

2015年，保险资金举牌风盛行，并引发了较大的市场效应及行业争议，超过30家上市公司被举牌，十大险企参与其中，涉及金额超过1300亿元，万科与宝能系的股权大战更是将险资举牌推向舆论顶点。在这次举牌浪潮中，主要参与方为中小保险公司，其举牌的资金来源，多来自保险产品，且以中短存续期保险产品为主。这类产品的特点是负债久期较短、成本较高，一旦到了产品给付阶段，容易影响到资产端的持有情况，集中时间段内的大幅抛售将引发个股乃至全市场的价格波动，因此"险资举牌"一度引发了投资者的担忧情绪。

2019年，保险巨头在股市再次掀起增持潮，并频频触及5%的举牌线。中国人寿相继举牌申万宏源、万达信息、中广核电力、中国太保；中国平安也举牌了华夏幸福、中国金茂，难掩对地产股的偏爱。与2015年相比，2019年以来的险资举牌热潮，参与主体以大型保险公司为主，举牌方式也不再是二级市场采取竞价争抢的模式，而是以协议转让、参与定增等相对平稳的方式为主。最重要的一点为资金属性不同，大型保险公司举牌的资金来源更多元化，包括自有资金、保险责任准备金及保险产品账户资金。而且这些保险产品的特点是负债久期较长、成本相对较低，相对应的资产配置也会比较稳定，资金不太会大进大出。市场中保险产品的投资风格有望更加稳健，并以中长期投资为主要目的。

银保监会对保险资金运用的监管重点已由规范险资举牌转向引导险资加大对权益类资产投资，且多次表态鼓励险资入市，鼓励保险公司使用长久期账户资金，增持优质上市公司股票和债券，拓宽专项产品投资范围。未来，保险产品或将在资本市场中发挥更重要的作用。

（二）信托公司自有资金

信托公司使用自有资金投资股市，属于其固有业务中的一部分。信托公司的固有业务规模虽不及其主营信托业务，收入贡献度也仅维持在30%的水平，但在净资本管理办法实施后，主营信托业务规模与净资本挂钩，使得信托公司对固有业务规模也有了一定的要求。固有业务中投资类业务占比最大[①]，2017年该比例为75.41%，投资类业务主要包括股票、基金、债券、长期股权投资及其他投资，其中股票投资占比为6.90%，仅高于债券的投资比例，信托公司固有投资类业务以长期股权投资及其他投资为主。

近年来，信托公司固有业务证券投资规模大幅增加，带来的利息收入、投资收益等也有所提升。针对这一现象，2016年中国银监会出台《进一步加强信托公司风险监管工作的意见》，要求各银监局督促信托公司加强固有业务市场风险的防控，将自营股票交易规模控制在合理范围内，避免市价下跌对资本的过度侵蚀。同时，针对结构化股票信托，进一步限制了原则上1:1，最高不超过2:1的杠杆比例。

随着信托公司转型，资本市场业务占比持续提升，相比较更加擅长信用风险管理的信托行业而言，市场风险管理能力有待提升。

[①] 固有业务主要由投资类业务、现金类业务和贷款业务组成。

虽然目前未有明确的针对固有业务的监管指标，但未来投资股市的资金收益情况将成为影响信托公司经营的重要因素。

二、压力情景下保险、信托公司经营情况分析

随着保险公司和信托公司资金入市比例的提高，其暴露于股市的风险敞口逐渐扩大。当市场下跌时，保险公司自有资金、保险产品与信托公司自有资金作为主要的长期机构投资者，虽不会像私募基金等短线趋势交易者迅速抛售，但也会根据自身经营情况在合适的时间点进行买卖。因此，可根据他们在过往下跌情形下的交易行为，模拟出各压力情景下相对应的买卖行为，从而计算其资产的减值情况。

2015年6月出现股市异常波动，至10月末上证综指累计下跌34.53%，这期间多次出现在短短一两周内下跌20%至30%的急跌行情，因此我们选取2015年6月15日至2015年10月30日作为急跌情形；而2018年1月26日，上证综指进入阴跌行情，至4月末累计下跌13.14%，至9月末累计下跌20.49%，因此我们选取2018年1月26日至9月28日作为阴跌情形。

根据历史情形下各类投资者的交易行为，我们可以总结出不同类投资属于高抛低吸的价值型投资者，或是追涨杀跌的短线型投资者。

三种压力情景下，上证综指在案例年二季度末分别下跌至2500点、2200点和2000点时，其跌幅分别为11.39%、22.02%和29.11%，因此我们假定轻度压力情景属于过往阴跌情形，而中度和重度压力情景则属于过往急跌情形。

由于数据层面的缺失，我们需假定估算出 3 月末三类投资者的持仓情况，以及根据历史情形模拟的不同压力情景下的买入比例。持仓数据我们可根据三类投资者总资产规模、业务规模及行业披露数据进行估算，买入比例的假设逻辑则应满足急跌情形下买入比例低于阴跌情形下买入比例，其原因为在股市大幅下跌时，投资者往往很难快速做出交易抉择。

（一）保险资金

保险自有资金及保险产品作为入市长期资金的主力，可被假定为高抛低吸的价值型投资者，在压力情景下将会低位买入更多头寸，虽然这样的交易行为将使得其短期内账面出现更多的浮亏，但从长期来看，高抛低吸的交易行为将会为其带来更高的投资收益。在相同的下跌情形下，两类投资者的买入比例相同，假定在急跌情形下买入比例为 5%，阴跌情形下买入比例为 10%。

表 9-2　压力情境下相关指标计算数据

产品	案例年 3 月末持仓金额（亿元）	急跌情形下买入比例（%）	阴跌情形下买入比例（%）
保险公司自有资金	2500	5	10
保险产品	15000	5	10

为计算压力情景下保险自有资金与保险产品投资于股市资产的减值情况，我们继续假定买入行为是均匀分布的，则

亏损金额 =3 月末持仓市值 × 股指跌幅 +3 月末持仓市值 × 所属情形买入比例 × 股指跌幅 ×0.5。

因此，可根据假定的持仓与买入比例计算不同压力情景下保险机构的合计亏损金额，具体情况如下：

表 9-3　压力情境下相关指标计算数据

指标	压力情景		
上证综指（点）	2500	2200	2000
股指跌幅（%）	11.39	22.02	29.11
所属情形	阴跌	急跌	急跌
保险公司自有资金亏损金额（亿元）	298.99	564.34	745.99
保险产品亏损金额（亿元）	1793.92	3386.05	4475.96
保险公司合计亏损金额（亿元）	2092.90	3950.39	5221.96

　　股市下跌时，保险自有资金与保险产品持有股票资产的减值之和将影响保险公司的运营情况。中国保监会根据公司治理结构、偿付能力、投资管理能力和风险管理能力，按照内控与合规计分等有关监管规则，对保险集团公司、保险公司保险资金运用实行分类监管、持续监管、风险监测和动态评估。2016 年初，"偿二代"正式实施，引入了全面的实际资本和最低资本的计算方法，能够更加合理有效评估保险机构的偿付能力充足率。

　　偿付能力充足率 = 保险公司的实际资本 / 最低资本。

　　保险公司的实际资本是指认可资产与认可负债的差额，最低资本是指根据监管机构的要求，保险公司为吸收资产风险、承保风险等有关风险对偿付能力的不利影响而应当具有的资本数额。对偿付能力充足率小于 100% 的保险公司，监管机构可将该公司列为重点监管对象，根据具体情况采取不同的监管措施，偿付能力充足率小于 30% 的公司，监管机构可根据《保险法》的规定对保险公司进行接管。

　　假定案例年二季度末保险业总规模为 20 万亿元，全部险企的平均综合偿付能力充足率为 242%。极端情景下，根据我们假定的数值，保险公司自有资金与保险产品受股市下跌的共同损失金额为5222亿元，平均来看将会降低保险行业偿付能力充足率63个百分点，至179%。整体上看，保险行业由于自身经营情况较好，受股市下跌影响的冲击对去经营情况影响不大，但不排除个别的小型保险公司在本身偿付能力充足率不高的情况下，受股市资产减持影响偿付能力充足率进一步下降而受到接管的情况。

表9-4　压力情境下相关指标计算数据

指标	案例年	压力情景		
		轻度	中度	重度
保险公司亏损总额（亿元）	-	2092.90	3950.39	5221.96
保险行业偿付能力充足率（%）	242	217	195	179

值得注意的是，"偿二代"监管制度体系下，权益类资产如果从财务投资角度持有上市公司股票超过一定比例并形成重大影响时，可按照权益法入账到长期股权投资科目。一方面，权益价格风险的风险因子为0.15，远低于其他持股类型和做账方式下的资本占用。另一方面，持股股价的波动不再影响认可资产的变动，实际资本对股价波动免疫，长期股权投资的投资收益按持股比例依据联营企业的净利润进行分配。这是近年来保险业出现"举牌潮"的原因之一，也可说明保险公司由于股市下跌而受到的冲击，对其本身经营状况影响不大。

（二）信托公司自有资金

与保险自有资金和保险产品相比，信托资金的交易短线化，具有追涨杀跌的交易特征，在股市下跌时，为减少投资于股市的资产减值，将会抛售一定比例的股票以降低整体损失，我们假定在急跌情形下其抛售比例为 6%，阴跌情形下抛售比例为 12%。

表 9-5　压力情境下相关指标计算数据

指标	案例年 3 月末持仓金额（亿元）	急跌情形下抛售比例（%）	阴跌情形下抛售比例（%）
信托公司自有资金	800	6	12

为计算压力情景下保险自有资金与保险产品投资于股市资产的减值情况，我们同样假定抛售行为是均匀分布的，则

亏损金额＝案例年 3 月末持仓市值 × 股指跌幅－案例年 3 月末持仓市值 × 所属情形抛售比例 × 股指跌幅 ×0.5。

因此，可根据假定的持仓与抛售比例计算不同压力情景下信托公司的合计亏损金额，具体情况如下：

表 9-6　压力情境下相关指标计算数据

指标	压力情景		
上证综指（点）	2500	2200	2000
股指跌幅（%）	11.39	22.02	29.11
所属情形	阴跌	急跌	急跌
信托公司自有资金亏损金额（亿元）	85.65	170.90	225.91

与保险行业相似，信托行业也设立了以净资本为核心的风险资本控制指标。2010 年 9 月，《信托公司净资本管理办法》正式面世，其中核心的两个指标为净资本与风险资本。

净资本＝净资产－各类资产的风险扣除项－或有负债的风险扣除项－中国银保监会认定的其他风险扣除项。

风险资本＝固有业务风险资本＋信托业务风险资本＋其他业务风险资本。

其中，

固有业务风险资本 = 固有业务各项资产净值 × 风险系数；

信托业务风险资本 = 信托业务各项资产余额 × 风险系数；

其他业务风险资本 = 其他各项业务余额 × 风险系数。

《办法》规定，信托公司净资本不得低于各项风险资本之和的100%，不得低于净资产的40%。

表 9–7　压力情境下相关指标计算数据

指标	案例年	压力情景		
		轻度	中度	重度
信托公司亏损金额（亿元）	–	85.65	170.90	225.91
信托业净资产对风险资产的覆盖倍数	2.83	2.79	2.74	2.71

案例年 3 月末，我国信托业净资产为 5420 亿元，风险资产规模为 1913 亿元，净资产对风险资产的覆盖倍数为 2.83 倍。极端情景下，信托公司自有资金受股市下跌影响将会使得信托业净资产减少 4.17%，净资产对风险资产的覆盖倍数下降至 2.71 倍，对信托行业整体的运营影响较小。

第三节　长期资金受到的冲击和影响

A 股中的长期资金[①]，主要包含社保基金、企业年金等。长期资金在股市中发挥着稳定器和定海神针的作用，不仅可以稳定市场价格波动，还可以引导投资者进行长期价值投资。目前，长期资金持

[①] 保险资金作为长期资金的一部分，已在上一节进行了分析。这里以社保基金、企业年金为主。

有 A 股市值比例较低，与境外资本市场相比仍具有较大增长空间。近年来，资本市场政策红利不断释放，吸引了越来越多的中长期资金加入其中，养老目标基金接连获批，职业年金入市步伐加快，长期资金在股市中的投入越来越多，受到股市下跌风险的影响也越来越大。本节中，我们选取长期资金亏损比例[①]作为承压指标，探讨养老金、社保基金和企业年金等长期资金在股市下跌中受到的冲击与影响。

一、长期资金发展及入市现状

自上世纪 90 年代开始，我国开始逐步摸索建立多支柱的养老保障体系，正在构建由基本养老保险、企业年金、个人商业养老保险组成的三支柱体系。到 2020 年，我国养老金整体规模约 9.35 万亿元。其中，第一支柱的基本养老保险占比 72%，是绝对主力，但第一支柱涉及基本民生的兜底，故其对投资风险控制、入市比例限制较为严格；第二支柱的企业年金占比仅 28%，且覆盖率低，虽然投资灵活性较高，但总体规模不大；而第三支柱的个人商业养老保险整体规模占比更是近乎忽略不计，2020 年末第三支柱累计实现保费收入仅 4.26 亿元。与美国、日本等相比，我国养老金三大支柱结构明显失衡，国际上养老金入市的主力军是第二支柱即企业年金，我国企业年金规模还不大，特别是第三支柱的个人商业养老保险占比明显偏低，造成我国养老金总体入市力度不足。

和其他很多国家一样，我国的养老保险体系也面临着劳动力的逐渐减少和老龄人口的快速膨胀这两者的挑战。根据中国发展基金

---

① 亏损比例 = 亏损金额 / 长期资金总规模。

会发布的《中国发展报告2020：中国人口老龄化的发展趋势和政策》分析，我国65岁以上的人口数量在2018年至2035年间将会增长八成，从1.67亿上升至3.1亿。目前我国对养老金投资方式以银行储蓄为主，增值空间小，依靠着财政补贴的扶持。人社部发布的《2017年度人力资源和社会保障事业发展统计公报》显示，2017年各级政府的财政补贴已达到8000亿人民币，大约是当年GDP总量的1%，未来补贴的数字将继续大幅提升，养老保险基金有可能入不敷出，因此养老金入市是其有效保值增值的可行措施。

如前所述，社会保障过于依赖公共养老体系，第二支柱的企业年金、职业年金和第三支柱的商业养老保险发展缓慢，而这两者的风险偏好较高，投资股市的比重往往较高。第三支柱的商业养老保险试点刚刚起步[①]，虽有很好的发展前景，但税收递延优惠力度小，且受制于贫富差距扩大的现状，形成规模还需要一定时间。结合入市情况看，2021年末社保基金和企业年金股票配置的比例分别约为35%和12%，正加大入市力度，但仍低于其权益类资产的配置上限（分别为40%和30%）。其中，基本养老金存在统筹层次过低、储备时间短、归集难度大等问题，据估计仅有一半可进行市场化运营。对企业年金而言，与企业的隶属关系和工作性质导致年金理事会有较强的风险厌恶，从而使受托人的投资风格也较为保守；不同年龄阶段职工的年金使用同一账户管理，也导致受托人无法根据生命周期和风险承受能力的不同进行差异化投资选择，投资效率较低。

---

① 2022年4月21日，我国发布《国务院办公厅关于推动个人养老金发展的意见》，第三支柱个人商业养老保险进入新的发展阶段。

长期资金交易活跃度低、持股期限长、偏好持有大盘蓝筹股，是践行价值投资的主力。社保基金、企业年金等长期资金平均持股期均超过 100 天以上，明显高于全市场水平。主要偏好持有金融、消费等行业龙头股。长期资金往往在市场底部开始加大净买入力度，而在市场见顶前转为净卖出，对股指走势有一定指向性意义，也在一定程度上起到平抑股指波动的作用。

二、压力情景下长期资金状况分析

近年来，以稳健著称的养老金显著加大了对股票、偏股基金等权益类资产的配置力度，开启了进攻模式。但由于养老金的特殊社会属性，其风险管理十分重要，一旦入市的养老金账户发生大面积亏损，将极可能引发人民的不满和社会的动荡，扰乱社会的正常秩序。

我们采取与第二节中相同的方法，通过历史情形来确定长期资金的投资者属性，进而模拟压力情景下养老金的交易行为，再根据其持股市值受股市下跌而缩水的情况来估算长期资金的亏损比例，并根据养老金的运营情况评估亏损金额对其营运状况的影响。

我们假定长期资金同样属于高抛低吸的价值型投资者，假定其案例年 3 月末持仓市值为 6000 亿元；长期资金比第二节中的投资者更偏向于价值投资，因此买入比例应较高，我们假定在急跌情形下买入比例为 8%，阴跌情形下买入比例为 15%，采用相同的亏损金额计算方法。可根据假定的持仓与买入比例计算不同压力情景下长期资金的亏损金额，具体情况如下：

表 9-8　压力情境下相关指标计算数据

指标	压力情景		
上证综指（点）	2500	2200	2000
股指跌幅（%）	11.39	22.02	29.11
所属情形	阴跌	急跌	急跌
长期资金亏损金额（亿元）	710.73	1420.49	1877.72
长期资金亏损比例（%）	0.71	1.42	1.88

极端情景下，长期资金将会缩水 1.88%。我们得到的亏损比例从数字看较小，主要因为长期资金权益类资产的配置仍较低，随着长期资金入市瓶颈被疏通，其受股市下跌的影响将更为显著，需关注其亏损比例过高所引发的社会问题。

第十章 压力情景下对资管产品的
冲击和影响

　　资产管理业务是指银行、信托、证券、基金、期货、保险资产管理机构、金融资产投资公司等金融机构接受投资者委托，对受托的投资者财产进行投资和管理的金融服务。近年来，我国资产管理行业日益发展壮大，资管产品已成为社会资金环流体系中的重要枢纽，也是我国资本市场一类举足轻重的投资者。根据中国银行业协会与清华大学五道口金融学院联合发布的《中国私人银行发展报告（2020）暨中国财富管理行业风险管理白皮书》分析，早在2016年，可统计的资产管理业务总规模就超过100万亿元，达到116.19万亿元，基本相当于当时股票和债券市场总市值。资管行业在金融体系中靠近需求端，通过对金融体系的产品供给进行整合，满足投资者财富管理需求。在市场出现极端情形时，市场风险和流动性风险可能通过资管行业传导至其他领域。因此，掌握风险传导路径，摸清压力情境下资管产品受到的冲击和影响，对于预测和防范风险的跨领域传导具有十分重要的意义。

　　本章系统梳理了各类资管产品的资金来源及投向分布，具体分析了各类资管产品的风险传导路径，并结合前文设定的压力情境，对资管产品的市场风险与流动性风险进行了测算。

第一节 资管产品介绍

2018 年 4 月 27 日，中国人民银行、中国银行保险监督管理委员会、中国证券监督管理委员会、国家外汇管理局四部门联合发布《关于规范金融机构资产管理业务的指导意见》，即"资管新规"。按照资管新规的定义，资产管理产品包括但不限于人民币或外币形式的银行非保本理财产品，资金信托、证券公司、证券公司子公司、基金管理公司、基金管理子公司、期货公司、期货公司子公司、保险资产管理机构、金融资产投资公司发行的资产管理产品等。

2018 年 11 月 26 日，中国人民银行、银保监会、证监会、外汇管理局联合发布《金融机构资产管理产品统计制度》，对各类资管产品规模进行全面统计。该项制度将资管产品分为如下几类：

一、银行非保本理财

银行非保本理财（以下简称银行理财）是指银行接受投资者委托，按照与投资者事先约定的投资策略，对受托的投资者财产进行投资和管理，按照约定条件和实际投资收益情况向投资者支付收益，不保证本金支付和收益水平的特定目的载体。

二、信托公司资管产品

信托公司资管产品（以下简称信托产品）是指信托公司作为资产管理人，根据合同约定的方式、条件、要求及限制，经营运作客户资产，为客户提供投资管理服务的特定目的载体。

三、证券公司及其子公司资管产品

证券公司及其子公司资管产品（以下简称券商资管）是指证券公司或其子公司作为资产管理人，向特定客户募集资金或接受特定客户财产委托，根据有关法规及合同约定的方式、条件、要求及限制，经营运作客户资产，为客户提供投资管理服务的特定目的载体。

四、基金管理公司及其子公司专户

基金管理公司及其子公司专户（以下简称基金专户）是指基金管理公司或其子公司作为资产管理人，向特定客户募集资金或接受特定客户财产委托，根据有关法规及合同约定的方式、条件、要求及限制，经营运作客户资产，为客户提供投资管理服务的特定目的载体。

五、期货公司及其子公司资管产品

期货公司及其子公司资管产品（以下简称期货资管）是指期货公司或其子公司作为资产管理人，向特定客户募集资金或接受特定客户财产委托，根据有关法规及合同约定的方式、条件、要求及限制，经营运作客户资产，为客户提供投资管理服务的特定目的载体。

六、保险资管产品

保险资管产品（以下简称保险资管）是指保险资产管理机构作为资产管理人，向特定客户募集资金或接受特定客户财产委托，根据有关法规及合同约定的方式、条件、要求及限制，经营运作客户资产，为客户提供投资管理服务的特定目的载体。

七、金融资产投资公司资管产品

金融资产投资公司资管产品是指金融资产投资公司作为资产管理人，向特定客户募集资金或接受特定客户财产委托，根据有关法规及合同约定的方式、条件、要求及限制，经营运作客户资产，为客户提供投资管理服务的特定目的载体。

八、公募基金

公募基金是指基金管理公司或国务院证券监督管理机构按照规定核准的其他机构作为资产管理人，向不特定投资者公开募集资金，将投资者分散的资金集中起来以实现预定投资目的而设立的特定目的载体。

第二节　资管产品的风险传导路径与压力测试模型

当前，各类资管产品交叉持有的现象较为普遍，市场下跌直接导致资管产品净值损失，进而诱发份额持有人集中赎回，在极端情形下甚至会引发整个市场的流动性风险。资管产品直接或间接投资股市的规模大小是风险传导路径中的第一个环节，决定了压力情境下资管产品净值损失的大小。因此，厘清各类产品的资产配置情况是开展压力测试的基本条件。在此基础上，我们针对风险传导过程中的份额持有人资产损失、开放式资管产品的份额赎回和基金清盘三种场景分别设定模型进行压力测试。

一、资管产品的投向分布

从投向看，各类资管产品除直接投资股权、债权等资产以外，还可通过交叉持有的方式投资其他资管产品。不同资产管理产品之间相互投资，通常是为了绕道监管规定或内部会计核算要求，以达到规避诸如投资范围、资本计提、损失计提、监管比例等指标的目的。例如，券商定向产品可投资券商资管产品、基金资管产品、信托产品等；集合计划募集的资金可投资证券投资基金、证券公司专项资产管理计划、商业银行理财计划、集合资金信托计划等。随着金融业综合统计工作的展开，央行目前已经完成了资产管理产品统计的全覆盖，能够按月统计资产管理产品，包括我国资产管理产品目前的总量、结构、产品之间相互嵌套的关系等。

在资管新规的监管框架下，各类资管产品对权益类资产的投资均有不同规定，我们对此作了系统梳理，具体如下：

（一）银行理财的资产配置

2018年9月28日，继资管新规和指导意见后，中国银保监会发布了《商业银行理财业务监督管理办法》（即理财新规），10月19日，再次发布了《商业银行理财子公司管理办法（征求意见稿）》。自此，原有的理财业务监管体系被重新架构，形成了以"资管新规＋理财新规"为核心的全新监管体系。新监管体系下的商业银行理财业务以商业银行资管部和理财子公司两大主体为基础展开。

在资管新规体系下，银行理财的非标业务收缩，多层嵌套模式被禁，信托贷款、私募股权投资、委托贷款等业务受到较大影响。同时，银行理财投向股市的要求有所放宽，公募理财产品可以通过公募基金投向股票二级市场，私募理财产品则可以按照合同约定，直接投资上市交易的股票、未上市企业股权及其受（收）益权等权益性资产。具体来看，银行理财投资范围主要有以下几类：

1. 标准化资产

按照理财新规的有关规定，商业银行理财产品可以投资国债、地方政府债券、中央银行票据、政府机构债券、金融债券、银行存款、大额存单、同业存单、公司信用类债券、在银行间市场和证券交易所市场发行的资产支持证券等。

2. 非标资产

在资管新规只允许一层嵌套的要求下，非标业务大幅受限，资产规模逐渐萎缩。目前银行理财大多通过信托计划发放信托贷款。

3. 券商收益权凭证

券商收益权凭证是证券公司发行的债务性融资工具，以私募方式向合格投资者发行，是券商开展融资融券业务的资金来源之一。券商收益权凭证的风险相对较小，银行通过资管通道持有收益权凭证是一种常见的资产配置方式。

4. 权益性资产

如前文所述，公募理财产品可以通过公募基金投向股票二级市场，私募理财产品可以直接投资上市交易的股票、未上市企业股权及其受（收）益权等权益性资产。

此外，新规也对银行理财禁止投向的领域作了明确规定。商业银行理财产品不得直接投资于信贷资产，不得直接或间接投资于本行信贷资产，不得直接或间接投资于本行或其他银行业金融机构发行的理财产品，不得直接或间接投资于本行发行的次级档信贷资产支持证券。同时，商业银行面向非机构投资者发行的理财产品也不得直接或间接投资于不良资产及不良资产支持证券。

2019 年 11 月 29 日，中国银保监会发布《商业银行理财子公司净资本管理办法（试行）》，对银行理财子公司的净资本及风险系数提出限制，要求净资本不得低于风险资本的 100%，鼓励银行理财投资标准化资产。

表 10-1　银行理财子公司理财资金风险系数表

项目	明细项目		风险系数（%）
固定收益类证券	-	-	0
其他标准化债权资产	-	-	0
非标准化债券类资产	融资主体外部信用评级 AA+（含）以上	-	1.50
	融资主体外部信用评级 AA+ 以下及未评级	抵押、质押类	1.50
		保证类	2
		信用类	3
股票	-	-	0
未上市企业股权	-	-	1.50
公募证券投资基金	-	-	0

在新的监管体系下，银行理财投资股票市场可通过以下几种方式进行：

1. 结构化配资

按照理财新规的规定，商业银行不得发行分级理财产品，但银行理财可作为优先端资金投资其他资管产品。银行理财进行结构化配资须投向封闭式私募集合资管计划，且该项计划的总资产与净资产、优先级与劣后级的比例满足一定要求。

2. 股票质押

根据交易场所的不同，股票质押区分为场内股票质押式回购及场外股权质押。按中登开户规则，定向资管的委托人为银行理财的，不能开立证券账户，因此银行理财参与场内质押的，一般会通过信托计划嵌套券商定向资管。但这种模式在资管新规下属于多层嵌套，已不被允许。而场外股权质押不在交易所内交易，不需要通过券商开具账户，可由一层信托计划通道进行融资交易。

3. 股票委外

商业银行可以委外投资其他资管产品，且相关规定明确了私募资管计划可接受来自银行公募理财产品的资金作为优先端。因此，公募理财产品可以委外投资私募资管计划。

4. 券商两融

理财资金可通过投资两融收益权参与券商融资融券交易，资金投向形成的资产表现为两融收益权，监管部门已将其明确为非标准化债权类资产。按资管新规指导意见的说明，公募资产管理产品可适当投资非标准化债权类资产。

5. 直接投资

理财新规对银行理财投资股票集中度提出了具体规定。每只公募理财产品持有单只证券或单只公募证券投资基金的市值不得超过该理财产品净资产的10%；全部公募理财产品持有单只证券或单只公募证券投资基金的市值，不得超过该证券市值或该公募证券投资基金市值的30%；全部理财产品持有单一上市公司发行的股票，不得超过该上市公司可流通股票的30%。

（二）信托产品

2018 年 8 月 17 日，中国银保监会发布《关于规范金融机构资产管理业务的指导意见》，明确了资管新规在信托领域的适用范围，资金信托业务应按资管新规要求予以规范，而公益（慈善）信托、家族信托不适用资管新规的相关规定。

《意见》还提出，对事务管理类信托业务要区别对待、严把信托目的、信托资产来源及用途的合法合规性，严控为委托人监管套利、违法违规提供便利的事务管理类信托业务，支持信托公司开展符合监管要求、资金投向实体经济的事务管理类信托业务。市场普遍预期，符合监管要求的信托通道类业务将可能"松绑"。

在具体的信托监管细则尚未出台前，可投向股市的"善意"信托通道有以下两种：

1. 银行自有资金或银行理财参与股权投资

按规定，商业银行不能向非银行金融机构和企业投资。目前银行若要投资股权资产，一般会嵌套一层信托计划，以信托通道的方式投资。

2. 信托计划参与上市公司定增

根据《上市公司非公开发行股票实施细则》，信托参与上市公司定增时，必须要以自有资金参与，而信托计划的资金作为募集资金，不能直接参与。因此，信托计划一般是通过嵌套基金资管、券商定向资管，或认购有限合伙企业 LP 份额的结构的方式来参与定增。

此外，根据《信托公司净资本管理办法》，信托公司应当持续符合净资本不得低于各项风险资本之和的 100% 的风险控制指标。总体来看，集合信托的风险系数普遍高于单一信托，且对于未上市股权及非标投资的风险系数较高，而标准化资产的风险系数相对较低。

表 10-2　信托公司风险系数表

项目	明细项目		风险系数（％）
单一信托 （不含银信理财）	投资类信托	股指期货	0.80
		公开市场固定收益类	0.10
		股票等其他有公开市场的金融品	0.30
		未上市股权	0.80
		其他投资	0.80
	融资类信托	房地产融资	1.00
		其他融资类业务	0.80
	事务类信托	－	0.10
集合信托 （含银信合作）	投资类信托	股指期货	1.00
		公开市场固定收益类	0.20
		股票等其他有公开市场的金融品	0.50
		未上市股权	1.50
		其他投资	1.50
	融资类信托	房地产融资	1.00
		其他融资类业务	1.50
	事务类信托	－	0.20

（三）证券期货经营机构私募类资管产品

针对证券公司、基金管理公司、期货公司及前述机构依法设立的从事私募资产管理业务的子公司的私募资产管理业务，监管机构也出台了相应政策。除资管新规外，《证券期货经营机构私募资产管理业务管理办法》《证券期货经营机构私募资产管理计划运作管理规定》等均对上述机构的私募类资管产品做了规定。

以券商资管为例，证券公司的资管业务属于持牌业务，从实施方式来看，主要以证券公司资产管理部门、证券公司资产管理子公司及证券公司资产管理分公司等三种形式开展。此外，部分证券公司还通过设立私募子公司的方式开展资管业务。在资管新规体系下，券商资管可分为持牌公募、持牌私募和私募子公司业务，其中持牌私募和私募子公司业务中又可进一步划分为单一资产管理计划和集合资产管理计划。在新的监管体系下，券商资管原有业务逐渐发生变化：

一是资金池业务被禁，券商资管向净值化转型。资金池业务具有"滚动发行、集合运作、分离定价"的特征，在券商资管业务中大量存在。券商资管产品定期或不定期滚动发行，投向存续期较长的资产，实现期限错配。即使兑付环节发生问题，只要保证资金端滚动发行，就可以实现刚性兑付。但是，预期收益型产品抬高了无风险收益预期，扭曲了投资者风险认知，而一旦难以募齐后续资金，则容易导致资金链断裂，流动性紧张，甚至引发系统性风险。在资管新规体系下，具有滚动发行、集合运作等特征的资金池业务被明确禁止，推动券商资管向净值化转型。

二是"去通道"持续推进，促使券商资管业务回归本源。长期以来，券商通道业务野蛮扩张，规模发展迅速。在通道业务的多层嵌套下，券商资管等资管产品成为了"银行的影子"，逐渐偏离资管"代客理财"的本质；层层嵌套拉长资金链条，模糊底层资产，加上分级产品杠杆倍数累积，造成风险的成倍聚集，导致金融脆弱性大大提高。券商资管通道业务主要有银证信合作和委托贷款两种模式，其中银证信合作是指银行理财通过定向资管计划对接信托贷款，实现资产出表；委托贷款模式则是指银行理财通过券商通道，借道委托贷款，实现资产出表。在资管新规下，这两种通道业务被全面禁止。

此外，《证券公司大集合资产管理业务适用〈关于规范金融机构资产管理业务的指导意见〉操作指引》颁布后，券商资管"大集合"对标公募基金新规落地，将在规范过渡期内配合资管新规要求，去通道、降非标、推动净值化管理。

受资管新规约束，证券期货经营机构私募类资管产品的投向主要可分为以下几类：

◇ 银行存款、同业存单，证券交易所、银行间市场债券、中央银行票据、资产支持证券、非金融企业债务融资工具等；

◇ 上市公司股票、存托凭证；

◇ 期货及期权合约等标准化商品及金融衍生品类资产；

◇ 公募基金；

◇ 非标准化债权类资产、股权类资产、商品及金融衍生品类资产等。

（四）保险资管

资管新规的推出首次将保险资管纳入大资管监管体系的范畴。保险资管属于私募类产品，主要包括债权投资、股权投资和组合类产品等。根据 2016 年发布的《关于加强组合类保险资产管理产品业务监管的通知》（即"新八条底线"）规定，保险资管不得发行具有"资金池"性质的产品，主要是指投资于非公开市场投资品种，且具有滚动募集、混合运作、期限错配、分离定价、未单独建账或未独立核算等特征的产品；也禁止发行具有"嵌套"交易结构的产品，包括产品主要投资于单只非公开市场投资品种，或产品定向投资于另类资产管理产品，或产品定向投资于同一管理人设立的产品等情形。

2018 年 1 月保监会发布《保险资金运用管理办法》，进一步明确保险资金投资的主要形式，拓宽投资范围，强化风险控制。按有关规定，保险资产管理机构可以将保险资金运用范围内的投资品种作为基础资产，开展保险资产管理产品业务。主要包括银行存款、债券、股票、证券投资基金份额等有价证券、不动产及股权等。

（五）公募基金

按照资管新规要求，发行对象超过 200 人的银行理财都会被认定为公募资管产品，在投资范围上受到严格约束。按照投资性质的不同，基金产品可分为固定收益类产品、权益类产品、商品及金融衍生品类产品和混合类产品。其中固定收益类产品投资于存款、债券等债权类资产的比例不低于 80%；权益类产品投资于股票、未上市企业股权等权益类资产的比例不低于 80%；商品及金融衍生品类产品投资于商品及金融衍生品的比例不低于 80%；混合类产品投资于债权类资产、权益类资产、商品及金融衍生品类资产且任一资产的投资比例未达到前三类产品标准。此外，在满足一定限制条件的前提下，公募基金还可参与股票发行申购、债券回购、股指期货交易、国债期货交易，及投资其他证券投资基金等。

针对一些特定类型的基金产品，在投资范围及投资比例上也有不同的限制。例如，对于避险策略基金，投资于稳健资产的比例不得低于基金资产净值的 80%，其中稳健资产是指现金、剩余期限不超过剩余避险策略周期 1 年的银行存款、同业存单、债券回购、国债、地方政府债券、政策性金融债、中央银行票据、信用等级在 AAA（含）以上的债券、信用等级在 AAA（含）以上的非金融企业债务融资工具等。对于基金中基金（FOF），持有单只基金的市值，不得高于基金中基金资产净值的 20%，且不得持有其他基金中基金，也不得持有具有复杂、衍生品性质的基金份额，包括分级基金等。对于货币基金，不得投资于股票、可转换债券、可交换债券；以定期存款利率为基准利率的浮动利率债券、信用等级在 AA+ 以下的债券与非金融企业债务融资工具等。

二、风险传导路径与压力测试模型设定

在压力情境下，股指中枢下移，市场风险和流动性风险可能通过资管行业传导至其他领域。从市场风险看，持股比例较高的资管产品净值大幅下降，进而给份额持有人带来较大损失。从流动性风险看，一旦开放式产品面临短期大额赎回，可能会难以及时变现，引发产品、管理人及整个市场的流动性风险。此外，公募基金和私募证券投资基金一般设有清盘机制，一旦触发将会在短时间内将持有的证券全部卖出并进行清算，给市场带来较大的抛售压力。

（一）份额持有人资产损失

在压力情境下，各类资管产品直接或间接投资股市的资产规模会随着股指下跌而出现减值，进而导致资管产品总规模下降，并给资管产品的份额持有人带来损失。对各类资管产品来说，股指下跌带来的损失的测算方法大体相同。

假设某类资管产品的资产规模为 A，其中投资权益类资产的规模为 a，则当股指下跌 $n\%$ 时，该类资管产品的净值损失为

$$a \times n\% = an\% \tag{10-1}$$

假设投资者持有的份额占比为 m_i，则该类投资者遭受的损失为

$$an\% \times m_i = anm_i\% \tag{10-2}$$

（二）开放式产品份额赎回

根据行为金融学理论，开放式基金的自然人投资者更倾向于卖

出高净值产品，而机构投资者则可能会为了规避损失在产品下跌时大规模赎回。对于开放式产品而言，如果大量持有流动性较差的资产，在面对短期大额赎回时，可能会难以及时变现，导致信用风险爆发，进而将流动性风险传导至份额持有人。

按照《公开募集开放式证券投资基金流动性风险管理规定》的定义，易于变现资产通常是指可在交易所、银行间市场正常交易的股票、债券、非金融企业债务融资工具及同业存单；短期内到期或可支取的逆回购、银行存款及能够确认收到的各类应收款项等。而流动性受限资产，则是指到期日在 10 个交易日以上的逆回购与银行定期存款、停牌股票、流通受限的新股及非公开发行股票、资产支持证券、因发行人债务违约无法进行转让或交易的债券等。

一般认为，除了受到市场走势的影响外，开放式基金的赎回比例也与基金业绩、持有人结构、基金成立年限、持股集中度等因素有关。在压力情境下，假设其他因素不变，仅考虑上证综指涨跌幅与开放式基金赎回比例的影响。我们选取 2013 年以前成立的 811 只开放式偏股型公募基金为样本建立面板数据模型[①]，其中股票型基金 216 只，混合型基金 595 只。

1. 变量定义

以开放式基金季度净申赎率为被解释变量，净申赎率 $F_{i,t} = \dfrac{f_{i,t} - f_{i,t-1}}{f_{i,t-1}}$，其中 $f_{i,t-1}$ 为基金 i 在 $t-1$ 期的基金份额；以上证综指季度涨跌幅为解释变量，上证综指涨跌幅 $N_{i,t} = \dfrac{N_{i,t} - N_{i,t-1}}{N_{i,t-1}}$。

---

① 时间范围为 2014 年至 2018 年。

2. 平稳性检验

在对面板数据进行实证分析前，首先要进行平稳性检验。这里选用 ADF 检验上证综指平稳性，选用 LLc 检验基金净赎回率的平稳性。结果如下：

表 10-3 面板数据的平稳性检验

变量	T 值	P 值
$N_{i,\,t}$	−3.77	0.0032
$F_{i,\,t}$	−58.31	0.0000

结果显示，上证综指涨跌幅及基金净申赎率均平稳。

3. 面板模型选择

建立面板数据模型 $F_{i,t}=\alpha+\beta N_{i,t}+\mu_{i,t}(i=1,2,\cdots,N\,;\ t=1,2,\cdots T)$，面板数据模型形式多样，确定形式的常用方法有 F 检验、BP-LM 检验和豪斯曼检验。本节采用 F 检验来判断模型中是否存在个体固定效应。假设原假设 $H_0:\alpha_i=\alpha_j$，表示模型中不存在个体固定效应，选择混合回归模型；备择假设 $H_1:\alpha_i\neq\alpha_j$，表示模型中不同的个体有不同的截距项，即存在个体固定效应，选择个体固定效应模型。检验结果显示，F 统计量的值为 0.95，对应 p 值为 0.8342，F 检验不显著，因此接受原假设，选用混合回归模型。回归结果如下：

表 10-4 面板数据的回归结果

变量	系数
$N_{i,\,t}$	0.5624 （0.0000）
F 统计量	14.6900
Prob>F	0.0001
R^2	0.0014

结果显示，上证综指下跌1%，对应赎回率增加0.56%。F统计量及自变量系数均显著，由于R^2较小，赎回率可能受基金业绩、持有人结构等其他因素影响较大。这里我们只考虑上证综指的影响，其他因素均假设保持不变。

在压力情景下，假设股指跌幅为$n\%$，开放式产品规模为N，则投资者将赎回的开放式产品规模为$0.56nN\%$。继续假设开放式产品中易于变现资产比例为$c\%$，则当$0.56nN\% > cN\%$，即$c < 0.56n$时，该只产品无法满足赎回要求，产生的资金缺口为$(0.56n-c)N$。一般来说，基金经营机构将会使用自有资金或从外部借入资金进行弥补，甚至被迫出售流动性较好的资产，导致市场恐慌，进一步形成资产抛售的"羊群效应"。当资金缺口仍然无法弥补时，基金产品的流动性风险可能传导至机构自身及其他金融机构。此外，基金产品的复制性、同质性较强，很多资管产品在资产配置结构和方式上存在相似之处，一旦某类产品出现流动性问题，市场上同类产品的变现能力也可能遭遇困境，造成行业整体流动性风险的上升。

三、基金清盘压力测试

股市持续下跌会导致基金产品的净值下降，基金产品的收益率下滑引发的份额持有人赎回也会导致规模缩水，公募基金和私募证券投资基金一般设有清盘机制，一旦触发将会在短时间内将持有的证券全部卖出并进行清算，给市场带来抛售压力。本节我们以公募基金为例，对压力情境下公募基金的清盘情况及对市场产生的抛压进行测算。

我们假设在压力情境下，未来N个月股指累计跌幅为$n\%$。我们对下跌节奏做出两种假定：第一种是线性下跌，即股指在目前点位基础上匀速下跌，对应着风险缓释的情形；另一种是非线性下跌，即股指在目前点位持续震荡至第 $N-1$ 月末，在第 N 个月跌至压力情景下的点位，随后又保持平稳震荡，对应着风险集中释放的情形。

《公开募集证券投资基金运作管理办法》规定，开放式基金连续 60 个工作日出现基金份额持有人数量不满 200 人或基金资产净值低于 5000 万元的，应向证监会报告并提出解决方案，如转换运作方式、与其他基金合并或者终止基金合同等，并召开基金份额持有人大会进行表决。2017 年中国证监会下发的《关于进一步优化迷你基金相关监督安排的通知》要求，若迷你基金[①] 数量较多，将影响基金公司后续产品申报。为达到监管要求，清理低效基金壳，当基金规模过低且不足以覆盖基金公司成本时，基金公司往往会将基金清盘。

此外，根据中国证监会 2017 年 2 月 10 日发布的《关于避险策略基金的指导意见》，存续保本基金在保本周期到期后，应当调整产品保障机制并更名为"避险策略基金"，否则应转为其他类型的基金或予以清算。在 2018 年，多只存续保本基金到期清算，这部分基金通常体量较大，在清盘期间给市场带来了一定冲击。2019 年9 月，最后一批保本基金到期，因此本书只考虑因净值规模过低而导致的公募基金清盘。

假设偏股型公募基金的资产净值为 a，其中持有 A 股市值为 b。在股指线性下跌的情形下，每月跌幅为 $n\%/N$，则该只基金在 k 月后资产净值触及 5000 万元的条件为：

$a-bk\ (\ n\%/N\ ) < 5000$，其中 $k \le N$ （10-3）

对于每一只满足式（10-3）条件的偏股型公募基金，其清盘时

---

① 指资产净值低于 5000 万元的公募基金产品。

间在第 $k+3$ 月末，在清盘时对股市产生的抛压为 $b[1-(k+3)n\%/N]$。

在股指非线性下跌的情形下，在前 $N-1$ 个月股指跌幅为 0，在第 N 个月跌幅为 $n\%$。基金在第 N 个月末资产净值触及 5000 万元的条件为：

$$a-bn\% < 5000 \tag{10-4}$$

对于每一只满足式（10-4）条件的偏股型公募基金，其清盘时间在第 $N+3$ 月末，在清盘时对股市产生的抛压为 $b(1-n\%)$。

第三节　压力测试结果

假定案例年末，资产管理业务总规模约 110 万亿元。各类资管产品的规模如表 10-5 所示。

表 10-5　各类资管产品的资产规模[1]（单位：万亿元、%）

种类	案例年二季度末
银行理财	22.04
信托产品	22.70
基金专户[2]	11.29
券商资管	13.36
私募基金	12.71
公募基金	13.03
保险资管	15.56
合计	110.69

数据来源：银登中心、基金业协会、信托业协会、保险资管业协会。

---

① 银行理财仅统计非保本理财产品。
② 含基金专户及基金子公司专户业务。

我们分别对风险传导过程中的份额持有人资产损失、开放式资管产品的份额赎回和基金清盘三种场景进行了压力测试，压力测试情境分为轻度（上证综指跌至 2500 点）、中度（上证综指跌至 2200 点）和重度（上证综指跌至 2000 点）。

一、份额持有人资产损失的压力测试

各类资管产品的资产配置及持有人结构多为年报数据披露，我们选用年报数据进行压力测试。对于银行理财和信托产品，选用案例年年报数据，结合本书设定的压力情境，上证综指跌幅分别为 0%（轻度）、11.79%（中度）和 19.81%（重度）；对于基金专户和券商资管，选用案例年年报数据，结合本书设定的压力情境，上证综指跌幅分别为 24.40%（轻度）、33.47%（中度）和 39.52%（重度）。

（一）银行理财

资管新规实施后，银行理财业务的相关定义和口径发生了变化，只有非保本理财产品才是真正意义上的资管产品。银行业理财登记托管中心发布的《中国银行业理财市场报告》显示，从资产配置情况来看，存款、债券及货币市场工具的余额占非保本理财产品投资余额的 66%，而权益类资产占比仅 10%；从资金来源看，面向个人投资者发行的银行理财余额为 19.16 万亿元，占全部非保本理财产品存续余额的 86.93%。

表 10-6 案例年银行理财的资金来源及投向分布

资金来源			
份额持有人类型		金额（万亿元）	占比（%）
个人	一般个人类	13.84	62.79
	高资产净值类	3.07	13.93
	私人银行类	2.26	10.25
机构专属类		1.78	8.08
金融同业类		1.10	4.99
合计		22.04	100.00
投向分布			
资产类型		金额（万亿元）	占比（%）
债券		11.76	53.35
非标准化债权类资产		3.80	17.23
权益类资产		2.19	9.92
现金及银行存款		1.27	5.75
公募基金		0.76	3.43
其他		2.27	10.32
合计		22.04	100.00

数据来源：银登中心。

按案例年统计数据，银行理财投向权益类资产的规模约 2.19 万亿元。在三种压力情境下，权益类资产净值损失分别为 0 万亿元、0.26 万亿元和 0.43 万亿元，占银行理财资产总规模的 0%、1.17%和 1.97%。由于银行理财资金主要来源于个人投资者，因此压力情境下，个人投资者的损失分别为 0 万亿元、0.22 万亿元和 0.38 万亿元。值得注意的是，银行理财还可通过公募基金的方式投资权益市场，实际发生的资产损失可能较估测值偏高。

（二）信托产品

信托业协会发布的《中国信托业发展评析》数据显示，假定案例年资金信托投向股票市场的资产规模为 0.53 万亿元，在三种压力情境下，投向股票市场的资产损失金额分别为 0 万亿元、0.06 万亿元和 0.10 万亿元，占资金信托总规模的 0%、0.28% 和 0.46%。同时，信托产品也会通过投资其他金融机构的方式投入权益市场，实际产生的资产减值规模将高于估测值，并给份额持有人带来更大的损失。

表 10-7 案例年末信托资金来源及投向分布 [①]

资金来源		
类型	金额（万亿元）	占比（%）
集合资金信托	9.11	40.13
单一信托	9.84	43.35
管理财产信托	3.76	16.56
合计	22.70	100.00
投向分布		
类型	金额（万亿元）	占比（%）
工商企业	5.67	29.92
金融机构	3.03	15.99
基础产业	2.76	14.56
房地产	2.69	14.20
证券市场　股票	0.53	2.80
证券市场　债券	0.25	1.32
证券市场　基金	1.42	7.49
其他	6.35	33.51
合计	22.70	100.00

数据来源：信托业协会。

（三）基金专户及基金子公司

参照基金业协会披露的《证券期货经营机构私募资产管理业务统计年报》，基金公司专户产品主要以债券、股票、基金投资为主。假定案例年投资固定收益类资产规模 3.06 万亿元，占比 61.69%；投资权益类资产规模 0.47 亿元，占比 9.43%。在三种压力情境下，

---

① 信托资产投向分布仅统计资金信托。

投向权益市场的资产损失为 0.11 万亿元、0.16 万亿元和 0.19 万亿元，占基金专户总规模的 2.31%、3.17% 和 3.75%。将给银行委托资金带来 0.06 万亿元、0.08 万亿元和 0.09 万亿元损失。

表 10-8 案例年末基金公司专户业务资金来源及投向分布

资金来源		
类型	金额（万亿元）	占比（%）
个人	0.14	2.74
银行	2.51	50.51
信托公司	0.55	11.01
基金及基金子公司	0.51	10.22
证券公司	0.35	7.07
私募基金	0.05	0.99
保险公司	0.30	6.04
其他	0.57	11.42
合计	4.96	100.00
投向分布		
类型	金额（万亿元）	占比（%）
固定收益类	3.06	61.69
混合类	1.23	24.80
权益类	0.47	9.43
境外投资	0.18	3.69
期货及其他衍生品	0.00	0.06
其他	0.02	0.31
合计	4.96	100.00

数据来源：基金业协会。

基金子公司专户业务资金主要来源于银行委托资金。从产品投向来看，基金子公司专户产品主要投资融资类项目、持牌机构资管产品和标准证券，其中证券市场投资 1.18 万亿元。在三种压力情境下，投向股票市场的最大损失分别为 0.29 万亿元、0.39 万亿元和 0.47 万亿元，占基金子公司专户业务总规模的 3.94%、5.40%

和 6.38%。同时，银行委托资金将承担 0.21 万亿元、0.28 万亿元和 0.33 万亿元的损失。考虑到基金子公司专户产品可能通过投资其他金融机构的资管产品间接投资股票市场，实际产生的损失金额将大于估测值。

表 10-9 案例年末基金子公司专户业务资金来源及投向分布

资金来源		
类型	金额（万亿元）	占比（%）
个人	0.37	5.09
银行	5.25	71.79
信托公司	0.43	5.88
基金及基金子公司	0.30	4.09
证券公司	0.30	4.09
私募基金	0.10	1.41
保险公司	0.01	0.14
其他	0.55	7.51
合计	7.31	100.00
投向分布		
类型	金额（万亿元）	占比（%）
证券投资	1.18	16.14
银行委托贷款、信托贷款	1.22	16.69
以收益权、股权为形式的债权投资	1.33	18.19
资产收益权	0.22	3.01
股权投资	0.34	4.65
持牌金融机构资管产品	2.09	28.59
私募基金	0.50	6.84
股票股权质押融资	0.05	0.68
信贷票据信用证保理	0.05	0.68
同业存款、同业存单、现金	0.16	2.19
债券逆回购	0.06	0.82
其他	0.11	1.50
合计	7.31	100.00

数据来源：基金业协会。

（四）券商资管

假定案例年券商资管资产总规模 16.52 万亿元。投向标准化资产规模为 6.37 万亿元。在压力情境下，投资股票市场的资产规模缩水，进而影响资管产品的整体资产规模。同时，银行资金是券商资管业务最主要的资金来源，将承担七成以上的资产减值损失。此外，券商资管也会通过投资其他金融机构资管产品间接投资股票市场，使得股指下跌造成的损失进一步扩大。

表 10-10　案例年末券商资管资金来源及投向分布

资金来源		
类型	金额（万亿元）	占比（%）
个人	1.23	7.44
银行	11.58	70.12
信托公司	1.06	6.45
基金及基金子公司	0.46	2.81
证券公司	0.36	2.18
私募基金	0.18	1.09
保险公司	0.07	0.40
其他	1.57	9.52
合计	16.52	100.00
投向分布		
类型	金额（万亿元）	占比（%）
标准化资产	6.37	38.56
金融机构资管产品	3.11	18.83
委托贷款、信托贷款	2.64	15.98
债权投资	1.36	8.23
票据	1.22	7.38
其他	1.82	11.02
合计	16.52	100.00

数据来源：基金业协会。

二、开放式产品份额赎回的压力测试

以案例年偏股型公募基金资产配置为基准[①]，在三种压力情境下，上证综指跌幅分别为 11.38%（轻度）、22.01%（中度）和 29.10%（重度），对应偏股型公募基金的平均净赎回率分别为 8.29%、14.24% 和 18.21%，在其他条件不变的前提下，投资股票的市值将下降至 1.65 万亿元、1.45 万亿元和 1.32 万亿元。对每只偏股型基金而言，三种压力情境下的净赎回率将分别上升 5.86%、11.81% 和 15.78%，投资者将赎回的基金规模[②]分别为 0.76 万亿元、0.61 万亿元和 0.52 万亿元。由于投资者赎回的基金规模尚未超过基金易于变现的资产规模，因此基金公司暂不会产生资金缺口。

三、基金清盘压力测试

案例年受 A 股下行影响，偏股型公募基金清盘数量均明显增加。若股指继续下跌，则公募基金清盘数量可能进一步增加。在三种压力情境下，上证综指跌幅分别为 11.38%（轻度）、22.01%（中度）和 29.10%（重度），按照第二节中介绍的压力测试方法，我们以案例年二季度初为基准，对下跌节奏作出两种假定：第一种是线性下跌，即上证综指在目前点位基础上匀速下跌，在案例年二季度末跌至三种压力情景下的点位；第二种是非线性下跌，即上证综

---

① 假定在案例年一季度，上证综指震荡下行，累计小幅下跌 1%，引发部分基金份额持有人大量赎回，全市场偏股型基金平均净赎回率（整体法计算）为 2.43%。截至案例年一季度末，偏股型公募基金合计资产净值为 2.30 万亿元，投资股票的市值为 1.86 万亿元。

② 在压力情境下，公募基金投资股票的市值缩水，导致基金单位净值减少，因此虽然赎回份额增加，但对应的资产规模下降。

指在目前点位附近震荡至 5 月底，在 6 月跌至三种压力情景下的点位。假设其他条件不变，即除配置股票的资产规模随着股指下跌而减少外，配置其他资产的规模均保持不变。

（一）线性下跌

当股指线性下跌时，公募基金配置股票的资产规模下降引起整体资产规模缩水，在资产规模触及 5000 万元后仍会继续减少。同时，公募基金的清盘行为会滞后 3 个月发生，并在清盘时卖出全部持有股票。压力测试结果显示，三种压力情境下，案例年三季度合计清盘的偏股型公募基金数量分别为 50 只、101 只和 140 只，占全部偏股型公募基金总数的比分别为 1.72%、3.47% 和 4.80%，清盘时产生的 A 股抛售金额分别为 16.09 亿元、27.10 亿元和 31.04 亿元。从清盘节奏看，在轻中度压力情境下，案例年 5 月清盘基金只数及抛售金额均最高，在重度压力情境下，清盘基金数量逐月增加，但由于股票市值持续下降，清盘产生的抛售金额逐月微降。

表 10–11　线性下跌情形下的压力测试结果

	指标	案例年三季度第一个月	案例年三季度第二个月	案例年三季度第三个月	合计
2500	只数	11	19	20	50
	金额（亿元）	2.00	7.75	6.35	16.09
2200	只数	30	37	34	101
	金额（亿元）	8.42	9.98	8.70	27.10
2000	只数	44	47	49	140
	金额（亿元）	10.83	10.60	9.60	31.04

（二）非线性下跌

当股指非线性下跌时，公募基金配置股票的资产规模将在案例年 6 月当月出现较大幅度的减少，从而导致部分基金产品的整体资产规模跌破 5000 万元。若随后股指继续横盘调整，这部分基金将在案例年 9 月集中清盘，并给市场带来较大抛售压力。在三种压力情境下，分别有 50 只、101 只和 140 只偏股型公募基金在案例年 9 月清盘，占全部偏股型公募基金总数的比分别为 1.72%、3.47% 和 4.80%，清盘时产生的 A 股抛售金额分别为 20.13 亿元、43.22 亿元和 61.25 亿元。和股指线性下跌的情形相比，非线性下跌时基金的清盘与抛售行为相对集中，短期内给市场产生的冲击较大。

附件 1　境内外股票市场投资者结构比较分析

一、境内外股市投资者结构的主要差异

从持股结构看，A 股一般机构和自然人占比偏高，专业机构和外资占比偏低。截至 2017 年末，沪市 A 股一般机构持股金额占比为 61.53%，仅低于印度，远高于欧美等发达市场水平，这主要是 A 股上市公司中的国有股东占比较高所致。自然人持股比例为 21.17%，仅低于美国（这可能是由于美国上市公司原始股东多为个人），但明显高于英国、日本和印度市场的水平。专业机构持股比例为 16.13%，而美国、英国和日本市场专业机构持股比例均在 30% 以上，长期资金持股比例也均高于 A 股。外资持股比例仅 1.18%，而境外市场均为两位数以上水平（见附图 1-1）。

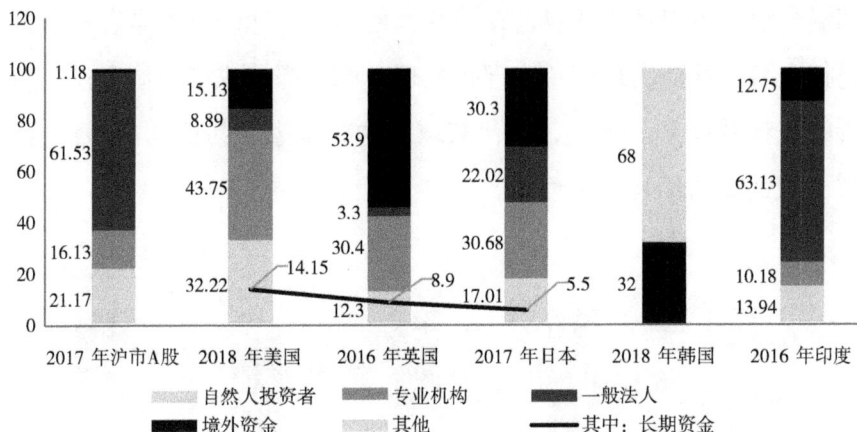

附图 1-1　全球主要股票市场各类投资者持股结构

数据来源：境内外交易所官网。

尽管如此，考虑到 A 股的限售股解禁减持制度较为严格，大量国有股东减持意愿很低，市场上可自由流通的股票结构会有明显不同。若将那些解禁后基本未减持过的原始股东的持股剔除，A 股自然人、专业机构和外资的持股比例将分别升至 45.7%、28.0% 和 6.1%，一般机构持股比例降至 20.2%。

从交易结构看，A 股自然人占比过高，外资占比偏低。2017年，沪市 A 股自然人交易金额占比为 82.01%，明显高于日本、韩国、中国香港和中国台湾市场的水平。专业机构交易占比为 14.76%，不及日、韩和中国香港的水平，但略高于中国台湾市场。外资交易占比仅为 1.30%，与其他市场两位数以上的水平相去甚远（见附图 1-2）。需要说明的是，交易结构的比较需充分考虑到不同市场间交易机制和市场体系的差异。包括我国在内的多数股票市场实行单一撮合中心的运行机制，交易所撮合成交的订单即为全市场所有交易；而美国等少数发达市场有多个撮合中心，经纪商设有内部撮合池，可以利用其自营账户或其他客户下达的订单与客户直接进行交易，从而实现订单内部化处理，而这部分成交不体现在交易所的统计数据中。因此，即便获取到这些国家交易所的交易结构，与 A 股的交易结构也不可比。

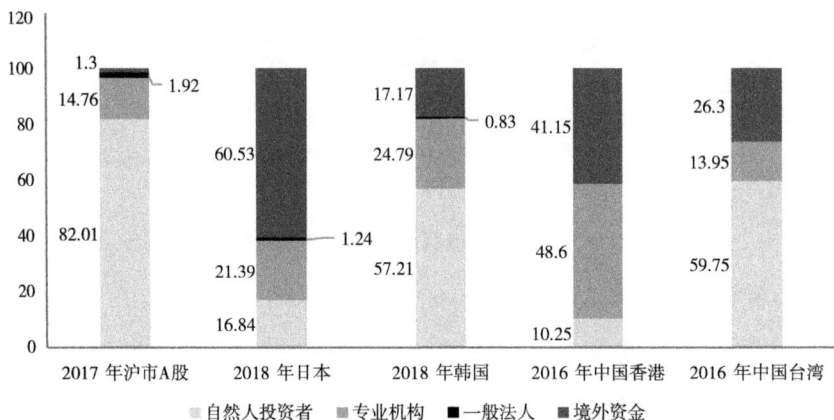

附图 1-2　全球主要股票市场各类投资者交易占比

数据来源：境内外交易所官网。

从投资者账户结构看，截至 2018 年末，沪市 A 股共开立 2.13 亿户账户，其中机构投资者账户仅 66.2 万户，远不及自然人 2.12 亿户的水平。横向比较，虽然自然人和机构投资者开户数的变化趋势整体相近，2015 年至 2018 年的增速均呈逐渐放缓态势，但前者的增度仍要高于后者，一定程度上也反映出自然人投资者持续参与交易的意愿较为强烈。纵向比较，随着自然人投资者"一人多户"的推行，2015 年之后自然人开户增速（2015 年至 2018 年平均增速为 16.29%）较此前（2015 年前 3 年平均增速为 9.82%）明显上了一个台阶。由此可见，我国自然人通过自身开立账户，从而直接参与股市配置的倾向并未发生明显的变化。

二、投资者结构差异原因分析

部分自然人投资者借"个人"之名行"机构"之实，使 A 股专业机构占比偏低。资本市场迈向成熟阶段的一大重要标志便是机构投资者队伍的不断壮大，无论是美国的苹果公司或是日本的东京电子，前十大股东均为机构投资者，相比之下，有些 A 股上市公司前十大股东中甚至仅有一家机构投资者。究其原因，与境外市场相比，我国对私募基金准入、公募基金设立等方面的管理相对较为严格，这可能使一些有意从事但又不符合条件的主体变相开展相关股票投资业务。实际上，有一部分超大户小范围募集资金，并且组建了投研团队，从事"类私募"活动，其交易特征也与私募证券投资基金较为类似。这种情况一定程度上使 A 股自然人的持股和交易占比被高估，而专业机构的持股和交易占比被低估。从某种角度讲，若将这部分超大户视为专业机构投资者，则 A 股的专业机构持股占比最高将提升约 8 个百分点至 23% 左右，接近英国和日本市场的水平；交易占比最高将提升 16.66 个百分点至 33.19%，高于日本和韩国市场的水平。

我国机构投资者难以参与上市公司治理，制约其长期持股的意愿。专业机构投资者对于上市公司治理的积极作用是有共识的，成熟市场专业机构投资者往往通过股东大会提案和表决等方式参与公司治理，对公司战略规划、经营决策、管理层监督、绩效改善等方面有举足轻重的影响力，因此有额外的动力长期持股。而 A 股上市公司由于"一股独大"现象较为普遍，机构缺乏足够的话语权，因此践行股东积极主义的意愿不高。截至 2018 年末，A 股上市公司第一大股东持股比例平均为 33.8%，较同期美股上市公司高 14.2 个百分点；专业机构持股比例平均为 13.92%，较为同期美股上市公司低 29.8 个百分点。

社会保障和保险体系的不完善是 A 股长期资金占比偏低的重要原因。现阶段，我国的社会保障体系和商业保险体系还不够健全，从社会保障体系看，2021 年末我国养老金余额仅占我国 GDP 的 9%，远低于 OECD 成员国 50% 左右的平均水平。社会保障过于依赖公共养老体系，第二支柱的企业年金、职业年金和第三支柱的商业养老保险发展缓慢，而这两者的风险偏好较高，投资股市的比重往往较高。从保险体系看，2019 年，我国保险深度和密度分别为 4.3% 和 3045.96 元人民币，远低于发达国家 8% 和 3500 美元的平均水平。对投资股市限制较少的投连险和万能险产品规模占比过低，而体量庞大的传统寿险产品风险偏好又极低，这使得保险资金投资于股市的比例常年低于规定的上限。

场内和场外各类风险对冲工具供给不足，不能完全满足长期资金精细化的风险管理需求。利用期货和期权等金融衍生品进行套期保值或者更为精细化的风险管理，有助于实现长期资金追求稳定收益的目标。从境外成熟市场看，养老资金、保险资金、共同资金等长期资金确实也是衍生品市场重要的参与主体。相比之下，现阶段我国场内权益类衍生品种类较少，已有品种的发展程度也与成熟市场存在差距；而我国权益类场外期权以股指期权和个股期权为主，虽然名义本金规模已超过 50ETF 期权，但整体上发育程度不足，与场内期权的协同效应尚未完全发挥。总体来看，风险管理工具的相对缺乏一定程度上制约了长期资金的持股规模和期限。

三、对投资者结构演变的几点认识

"机构化"和"国际化"是大势所趋，资本市场改革开放、居民投资理念等是主要影响因素。纵观全球主要股市投资者结构的演化历程，共性特征是专业机构和外资占比的明显提升。但这不是一蹴而就的，短则二三十年，长则半个世纪。在这一过程中，资本市场的改革开放举措以及居民投资习惯的变迁有着举足轻重的影响。美国在 20 世纪 70 年代实行的 401（K）计划推动了养老金和共同基金的蓬勃发展，美国股市专业机构持股比例在这一时期快速上升，长期资金持股比例一度超过三成。英国伦交所 1986 年推行的"金融大爆炸"改革，通过取消固定手续费率、提升交易效率和服务质量等措施，有效增强了英国股市对境外投资者的吸引力，此后外资持股比例明显上升。韩国股市在 1992 年纳入 MSCI 指数后，外资交易占比由不到 5% 上升至接近 20% 的水平。中国台湾股市于 2003 年取消 QFII，实现了全面开放，至 2016 年外资交易占比已近三成。总体看，境外资金的持股和交易占比总体呈上升趋势。日本居民受社会文化的影响，偏好购买房产和国债，沉重的债务负担一定程度上制约了对股票的配置，而老龄化带来的高储蓄率也使得大量的货币资产藏而不用，这些因素是导致日本股市自然人持股比例持续下滑的重要原因。

专业机构和外资的占比也并非越高越好，最优的投资者结构应与国情和市情相匹配。以美国为代表的机构主导的市场长期受到流动性不足的困扰。虽然投资者交易行为总体上更为成熟和理性，市场波动性在正常情况下低于新兴市场，但由于很多机构采用的交易策略趋同，极端情况下可能造成交易拥挤和流动性枯竭，使股价在短时间内出现大幅波动。美股 1987 年的"股灾"和 2010 年的"闪崩"便是例证。在 A 股市场，中小散户的追涨杀跌行为主要表现为在股价下跌初期买入、上涨初期卖出，成为超大户、私募基金等趋势交易者和长期资金的对手方。虽然容易导致亏损，但客观上也起到了为市场提供流动性和稳定股价的作用。此外，如果市场由大量采用复杂高频算法交易的机构投资者主导，他们通过硬件"军备竞赛"以争取"微秒"的优势，实现瞬间下单、撤单，某种程度上也可能对广大中小投资者公平交易造成损害。

与此同时，外资占比过高也将带来与全球市场联动共振增强、受国际热钱流动影响加大、经济命脉被外资控制等一系列问题。从近五年的情况看，英国富时 100 指数和美国道琼斯指数的相关系数超过 0.5；在外资大幅流入（流出）期间，英国股市波动明显加大。在中国台湾市场，外资已成为金融和科技行业上市公司的主要股东，对台积电的持股比例更是超过八成，对股价走势和企业经营有很大的影响力。2007 年，外资曾采用"吹捧宏达电、遏制联发科"的手法，使宏达电市值超越联发科成为台股的"龙头"。

A 股投资者结构正朝着与我国国情相适应的"机构化"和"国际化"迈进。A 股历经近 30 年的发展，投资者结构已经发生了一些显著的变化。特别是股权分置改革使大量非流通股转化为流通股，不但增加了股份供给，也使大小股东的利益趋于一致。而随着 QFII/RQFII 制度的建立和沪深港通的开通，外资占比也在逐年提升。但总体来看，A 股仍处于新兴加转轨的发展阶段，投资者结构仍呈现散户化的特征，而且可自由流通的股票较少，一定程度上导致市场的波动性较大。

　　当前，利率市场化改革正在加速推进，未来利率中枢可能进一步下行；房住不炒的理念逐渐深入人心。在上述背景下，股票在我国居民大类资产配置中的比重有望不断提升。借此契机，大力培育机构投资者、引导中长期资金入市、扩大资本市场对外开放等举措有望使 A 股专业机构和外资占比加速提升，而国有股划转社保等政策也将增加可自由流通的股份，使市场筹码结构得到进一步优化。

附件 2　偏股型公募基金投资回报分析

基金的投资回报关系到资本市场投资功能和财富效应的发挥，关系到基金行业的发展和资本市场投资结构的优化。近年来，偏股型基金规模大幅增长，显示出越来越多的投资者正通过基金参与 A 股市场。在此背景下，"买基金还是买股票""基金赚钱而基民不赚钱"等问题引发广泛关注。

我们分析研究发现，长期来看，无论是绝对收益水平还是经风险调整后的收益水平，偏股型基金都明显优于股票，基金间收益率的分化程度也低于股票，基金收益的稳定性也较好。这主要得益于基金经理低吸高抛、注重基本面的价值投资行为、良好的风控能力，以及拥有港股、"打新"等多样化的投资渠道，基金经理在特定环境下的"抱团"行为也能起到推高收益的作用。而由于基民存在追涨杀跌、追逐热点、频繁申赎等行为，基民投资收益往往低于基金净值涨幅。

一、公募基金收益率明显高于股票，且收益率的稳定性更佳

偏股型基金长期业绩大幅跑赢股票。2006 年至 2020 年，股票

型基金总指数 [①] 和偏股混合型基金指数 [②] 分别累计上涨 865.1% 和 1041.0%，明显高于上证综指 199.1% 的累计涨幅；区间年化收益率分别为 16.9% 和 18.3%，高于上证综指 7.9% 的水平。长期来看，基金指数较上证综指的累计收益差持续走阔，呈明显的"喇叭形"（见附图 2-1）。

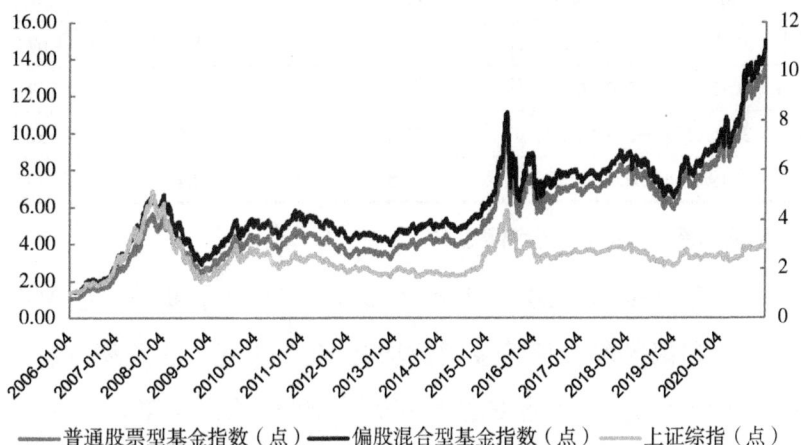

附图 2-1　2006—2020 年基金指数与上证指数走势

数据来源：WIND。

　　——分市况看，无论是牛市行情还是熊市行情，偏股型基金大都能跑赢股票，仅在个别牛市中略低于股票。以股票型基金总指数为例，2019 年至 2020 年的慢牛行情中，该指数累计涨幅为 94.8%，显著高于上证综指 40.9% 的涨幅；2006 年至 2020 年的两轮熊市中，基金指数的跌幅均明显低于上证综指；在 2013 年至 2015 年牛

---

　　① 股票型基金总指数由 WIND 编制，成分为成立满 3 个月的普通股票型、被动指数型和增强指数型股票基金。

　　② 偏股混合型基金总指数由 WIND 编制，成分为成立满 3 个月的偏股混合型基金。

市中，股票型基金总指数累计涨幅较上证综指高 0.3 个百分点；但 2006 年至 2007 年牛市中，基金指数的涨幅则略低于上证综指 5.7 个百分点（见附表 2-1）。

附表 2-1　不同市况下基金指数和上证综指累计涨幅（单位：%）

市况（时间）	股票型基金总指数	偏股混合型基金指数	上证综指
牛市（2006/1/1—2007/10/16）	419.0	407.7	424.7
熊市（2007/10/17—2013/6/25）	−32.7	−31.8	−67.8
牛市（2013/6/26—2015/6/12）	164.0	144.1	163.7
熊市（2015/6/13—2019/1/2）	−46.3	−41.4	−52.3
牛市（2019/1/3—2020/12/31）	94.8	130.4	40.9

数据来源：WIND，笔者测算。

——分年度看，2006 年至 2020 年的 15 个年度中，股票型基金总指数和偏股混合型基金指数均有 10 个年度的收益率跑赢上证综指，连续跑赢上证综指的最长年数分别为 3 年、4 年。

偏股型基金收益分化程度明显小于股票，且获取正收益的连续性更长。分市况看，2006 年至 2020 年的几轮牛熊行情中，绝大多数偏股型基金结构分化程度明显低于股票。例如，2019 年至 2020 年的上涨行情中，偏股型基金涨跌幅的标准差为 55.8%，明显小于股票 120.6% 的标准差；上涨的偏股型基金数量占比达 99.3%，而上涨的股票比例仅 70.4%。分持有期看，在统计的所有区间内，年化收益率为正的基金占比也明显高于股票。例如，2016 年至 2020 年，偏股型基金年化收益率的标准差为 7.4%，而股票年化收益率的标准差为 15.4%；年化收益率为正的偏股型基金数量占比为 91.3%，而年化收益率为正的股票仅占 20.1%。此外，偏股型基金连续获取正收益的年数也较股票更长。以 2011 年前已上市的基金和股票为样本，在 2011 年至 2020 年的 10 年内，偏股型基金连续取得正收益的最长年度平均为 3.4 年，高于股票 3.0 年的水平。其中，接近六成的偏股型基金能连续 4 年以上取得正收益，而近七成的股票仅能在 3 年以下连续取得正收益（见附图 2-2）。

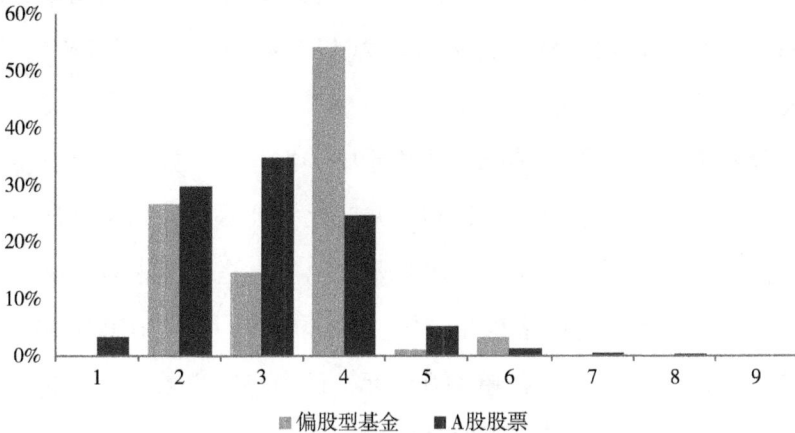

附图 2-2   偏股型基金与股票连续取得正收益的最长年数对比

数据来源：WIND。

偏股型基金的收益稳定性总体上好于股票。从年化波动率看，基金指数的年化波动率在 2006 年至 2015 年的牛市和熊市中均明显低于上证综指，在 2015 年至 2020 年的牛市和熊市中略高于上证综指。划分不同持有期统计，基金指数的年化波动率长期看低于上证综指，在跨度较短的区间内则高于上证综指。从最大回撤看，基金指数在 2006 年至 2020 年的几轮牛熊周期中，最大回撤幅度均明显低于上证综指。划分不同持有期统计，基金指数的最大回撤幅度也大多低于上证综指。从 Sharpe 比率[①]看，在过去几轮牛熊周期和不同的持有区间中，基金指数的年化 Sharpe 比率均明显高于上证综指，表明经风险调整后的偏股型基金投资收益也显著高于股票投资收益。此外，偏股型 FOF 基金由于投资标的是基金，表现出了更好的收益稳定性。以 2020 年为例，偏股型 FOF 基金年化波动率、最大回撤和 Sharpe 比率的中位数分别为 17.6%、-12.8% 和 1.7%，均明显好于偏股型基金整体水平。

公募基金 A 股盈利情况总体优于中小散户。考虑到公募基金的份额持有人多为中小投资者，测算并对比了公募基金和中小散户的 A 股投资盈亏，侧面印证了上述主要结论。一是长期来看公募基金的盈利更高，不同阶段略存在差异。2014 年 10 月至 2020 年末，公募基金 A 股投资累计盈利超 4 万亿元，而中小散户累计亏损超 1 万亿元。二是公募基金投资收益具备更高的稳定性。统计区间内公募基金月度盈亏金额的变异系数为 3.95，明显低于中小散户 69.26 的水平。三是公募基金盈利更有连续性。统计区间内，公募基金有近 70% 的时间月度累计收益表现为盈利，且最长能连续 10 个月盈利，而中小散户仅 45% 的时间盈利，最长连续盈利时间为 8 个月。

二、基金经理较好的择时择股和风控能力以及多样化的投资渠道是基金业绩的根本保障

基金经理总体表现出高抛低吸的左侧交易特点，善于把握行情反转机会盈利。利用基金的买卖和认申赎数据，对主动股票型和

① Sharpe 比率（年化）=（年化后的平均收益率 - 无风险收益率）/ 年化后的波动率，在此无风险收益率取十年期国债收益率。Sharpe 比率衡量了每承受一单位总风险产生的超额收益。

混合型基金的择时行为进行了分析。总体来看，基金经理对经济周期、市场拐点的判断更为准确，买卖方向领先于市场走势，且买卖决策受认申赎的影响较小。2018 年股指持续下跌期间，在基民累计净赎回 1500 亿元左右的情况下，公募基金低位逐步加仓，逆势净买入。2019 年至 2020 年的市场上涨阶段，基民净认申购 2.4 万亿元，公募基金加大净买入力度，得益于前一阶段较低的建仓成本，公募基金获得了可观的投资收益。对比公募基金和中小散户的择时行为看，公募基金不仅在拐点的判断上更及时准确，且一旦确认趋势，买入和卖出都更加坚决和迅速，而中小散户往往在行情的中后期才做出反应，表现出追涨杀跌的特征，也因此常被套牢或忍痛割肉。

基金经理挑选基本面好的股票集中持有，为基金带来超额收益。与中小散户追逐市场热点和概念、持股较为分散的特征不同，公募基金偏好持有业绩好的股票，且持股集中度较高。从公募基金季报披露的情况看，2011 年一季度至 2020 年三季度的 39 个季度中，有 25 个季度基金重仓前 100 只股票的当季平均净利润增速高于全部 A 股平均水平。这些基金重仓股的股价涨幅也明显高于大盘。39 个季度中，有 35 个季度重仓股票在当季的股价平均涨幅高于上证综指，平均高出 10.2 个百分点，即使在重仓的次季也有 25 个季度股价平均涨幅高于上证综指。从持股集中度看，公募基金前 100 只重仓股的持股金额占公募基金持股总额的比例在 30% 至 80% 之间波动，明显高于中小散户前 100 只重仓股 20% 左右的金额占比。可见，基金重仓的确实是市场上最为优质的一批公司，这些股票也给公募基金带来了较好的相对收益。

　　基金经理良好的风控意识和手段有助于实现相对较低的净值波动。一方面，基金经理通常能够严格遵守投资纪律。基金公司通常设定了严格的预警线和止损线，一旦触及立即卖出；部分公募基金还积极运用程序化交易，一定程度上避免了情绪波动、非理性行为等因素对投资策略和指令执行的干扰。另一方面，公募基金也能利用股指期货等工具进行风险的精细化管理。2018 年至 2020 年，随着市场从下跌转向上涨，公募基金从持有股指期货净多仓逐步转变为净空仓，动态调整套保头寸。

　　公募基金拥有港股、打新等投资渠道优势，进一步提高了收益率。2014 年末港股通开通后，公募基金就积极配置港股标的，偏股型公募基金港股持股市值占其股票投资规模的比重逐步攀升至 2020 年末的超过 7%，重仓腾讯、美团、舜宇光学等一批代表国内产业升级方向、处于高速成长期的优质互联网和高科技公司。2015 年至 2020 年恒生科技指数累计涨幅达 113.62%，这些重仓的港股为公募基金带来了丰厚回报。而个人投资者参与港股通存在 50 万元人民币的门槛，大部分小散户难以分享港股优质上市公司股价上涨的红利。与此同时，参与打新也增厚了公募基金的收益。得益于 IPO 网下配售向公募基金倾斜的政策，2017 年 7 月至 2020 年末，公募基金共获配新股 1326 亿元。从近几年的情况看，在之前的核准制下，主板新股在上市 1 个月左右股价涨至最高，较发行价上涨 400% 左右；注册制下科创板和创业板的新股在上市首日即是股价高点，平均涨幅为 186%。公募基金往往会选择在股价高点卖出绝大部分中签股票，粗略估算为公募基金贡献了约 3000 亿元的收益。

　　基金经理的抱团行为会推高基金业绩，但也加大了阶段性波动。我国公募基金公司对基金经理的考核期限较短，且看重业绩相对排名，这导致基金经理的交易行为存在一定趋同性，强化了羊群效应。基金经理往往会选择集中持有某一类股票，并形成"抱团股"上涨—基金净值上涨—基民加大申购力度—基金经理继续买入"抱团股"的正反馈。这种抱团行为为公募基金带来了阶段性的高净值涨幅。例如，2019 年至 2020 年，公募基金"抱团"白酒、医药等板块，"抱团股"股价及偏股型基金净值均大幅上涨。以"茅指数"来衡量，2019 年初至 2020 年末该指数累计上涨299.53%，显著高于上证综指。但值得注意的是，随着公募基金不断吸收筹码，"抱团股"的流动性近乎被"垄断"，股价加速上涨后可能脱离基本面支撑。如果估值泡沫破灭，拥挤的交易促使公募基金"踩踏式"出逃，导致"抱团股"股价大幅波动，进而引发基金净值波动。2021 年春节后公募基金"抱团瓦解"，"抱团股"股价及偏股型基金净值均大幅下挫。2019 年至 2020 年，股票型基金总指数和偏股混合型基金指数振幅分别为 112% 和 159%，明显高于同期上证综指振幅（53%）。

三、基民的交易行为削弱个人投资收益

个人投资者持有我国公募基金约一半的份额。尽管公募基金的回报较高，基民的实际收益却未必如此。第三方基金销售平台天天基金网数据显示，2020 年该平台用户权益类基金持仓的平均收益仅 19.19%，远低于权益类基金 40% 的平均回报。支付宝平台显示，"顶流"基金经理张坤管理的易方达蓝筹精选混合近一年净值涨幅为 92.5%，但有 83.9% 的持有用户亏损。造成"基金赚钱而基民不

赚钱"的主要原因是基民的申赎行为。

追涨杀跌、追逐热点等不当行为侵蚀了基民的盈利空间。基民与股票市场的中小散户有较大范围的交集，往往具有相似的投资行为特征。一方面，在申赎时机的选择上追涨杀跌。2015 年二季度上证综指加速赶顶时，基金份额规模才开始迅速放大，当季净认申购 1.46 万亿份；6 月中旬市场转向下跌，又引发了恐慌性赎回，三季度净赎回 1.16 万亿份。大规模赎回迫使基金经理被动减仓，导致基金净值更大幅度下跌。《2021 年一季度基民报告》显示，追涨杀跌的基民收益较基金净值涨幅少 40%。另一方面，基民在基金选择上追逐热门基金，容易高位接盘。基金业协会 2019 年的调查数据显示，有 36.3% 的投资者在选择基金时主要依据基金公司名气、明星基金经理和市场热门主题。在销售端，由于规模是基金公司及基金重要的考核指标之一，基金公司热衷于根据市场热点确定新基金的名称，鼓励基民赎旧买新，第三方基金销售平台也热衷于展示各种排行榜。这些因素导致基民在选择投资标的时具有一定的随意性和盲目性，经常不加分析就申购阶段性的热门基金。而这些基金之所以成为"热门"，往往是由于其净值已经过大幅上涨，后续出现回撤的概率较大。以 2021 年 1 月的十大热门基金为例，这 10 只基金 2020 年净值平均上涨 75%，明显高于偏股型基金 45% 的平均水平；2021 年前 4 个月的最大回撤达 21%，也明显高于偏股型基金 15% 的平均最大回撤。

频繁申赎导致基民难以获得长期收益，且付出了更多交易成本。前文的分析已经表明，基金投资的优势是可以提供长期内相对稳定的超额收益，但部分基民在投资基金时具有明显的短线化思维，买入基金产品后，发现收益下跌或未明显上涨就立刻赎回，转投其他基金。基民的这种行为，一方面丧失了获得长期投资收益的机会成本，另一方面则付出了更多的交易成本。国内公募基金按不同的持有期收取不同的申赎费率，平均在 0.5%—1.5% 之间。测算不同换仓频率下的交易成本，在 1% 的申赎费率下，月度换仓和季度换仓每年将分别损失 11.36% 和 3.94% 的投资收益；若持有三年再赎回，平均每年需支付的费率仅为 0.33%。基金业协会 2019 年的调查数据显示，有 11.4% 的基金投资者持有单只基金的时间少于半年，34% 的投资者持有时间不到 1 年。《2021 年一季度基民报告》显示，持有期在 3 个月内的基民中超过七成亏损，而持有期超过 3 年以上的基民中则 95% 都能盈利；频繁买卖的用户较长期持有的用户收益少 28%。

附件 3　上市公司减持画像

上市公司大股东减持是一种重要的交易行为，大部分投资者认为，减持将增加股票的供给，抽取市场流动性。市场上对减持规模过大导致市场承压的担忧、对"清仓式"减持行为恶劣影响的担忧，不绝于耳。在此，我们也对大股东减持的行为做了一些分析。

累计涨幅大的减持意愿强。统计显示，同一行业里年度涨幅最高的前 10% 企业，平均减持力度是涨幅靠后 10% 企业的 3.2 倍。在不同行业里也出现类似情况，如 2020 年表现最好的电气设备板块平均减持力度是表现最弱的地产板块的 2.2 倍。

估值高的减持意愿更强，且估值高的企业对减持股价表现更为敏感。估值水平在历史 90 分位数以上的企业减持力度是估值在历史 10 分位数以下企业的 5 倍。2020 年减持规模前 200 的公司中，高估值企业减持力度更大（见附图 3-1）。在股价表现上，估值在历史 90 分位数以上的企业减持前后 1 个月对股价平均下跌约 15%，相比之下，估值在历史 10 分位数以下企业减持前后一个月股价反而出现了上涨。

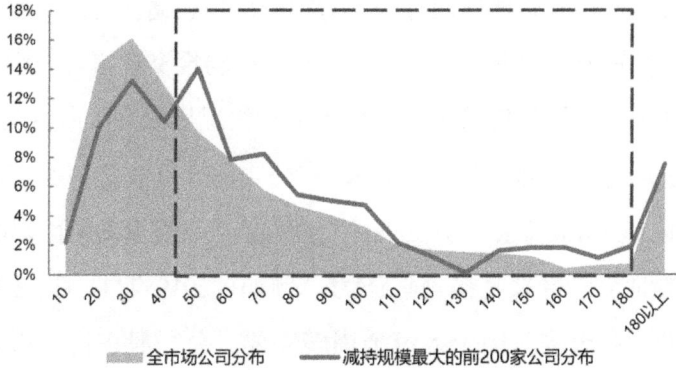

附图 3-1　全市场及减持规模前 200 公司市盈率分布

数据来源：WIND。

机构持股比例高的减持意愿强。机构持股比例最高的前 10%
企业减持力度是后 10% 企业的 4 倍，减持公司的机构持股占比与
减持规模具有一定的正相关性。2020 年减持规模前 200 的公司中，
机构持股比例集中在 40%—70%，持股比例分布高于全市场水平
（见附图 3-2）。

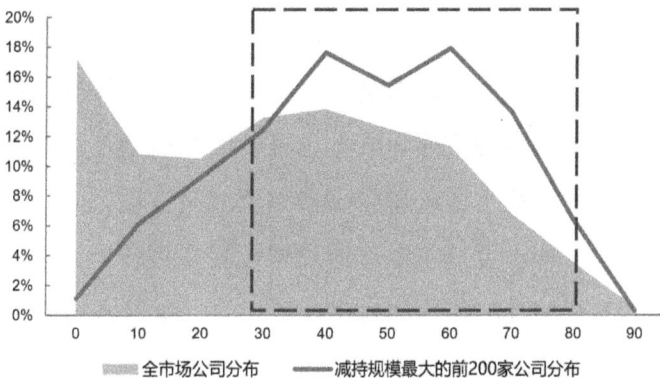

附图 3-2　全市场及减持规模前 200 公司机构持股比例分布

数据来源：WIND。

减持对投资者心理预期有一定影响。市场普遍认为，大股东减持释放出不看好公司前景的悲观信号，从而削弱投资者信心。运用事件研究方法分析减持公告发布前后股价变动情况后发现，减持公告后5日个股平均累计收益率为 −0.26%，与公告前5日收益率为正的情形反差明显，表明减持公告的发布对股价总体上有显著的负面影响。

减持对个股带来直接抛售压力。例如，2019年11月28日晚间盛弘股份发布公告，因个人资金周转需要，公司股东肖舟拟自减持计划公告之日起3个交易日至6个月内，以集中竞价、大宗交易方式清仓减持其所持有的400余万股股票，占公司总股本比例的3.0%。受此消息影响，隔日盛弘股份大幅跳空低开，收盘下跌4.4%。无独有偶，金石资源同日晚间也发布公告，其股东金涌泉投资因其合伙企业经营期限即将届满及自身资金安排原因，拟通过集合竞价方式减持公司股份369余万股，占公司总股份的1.5%。隔日股价同样大幅跳空低开，并创16.65元的阶段新低，收盘下跌4.25%。

限售股减持对股指走势有一定下行压力和"抽血效应"，但不会对股指走势产生反转性影响。实证分析表明，在综合考虑经济基本面、流动性水平、投资者情绪等影响因素后，限售股减持规模对股指涨跌幅存在一定的负面影响，这种影响在股指上涨阶段有平抑上涨的作用，但在股指下跌期间则会加剧股指波动。此外，减持后一周内，减持所获资金基本全部通过银证转账被转出，抽离了二级市场资金。2017年起，年均近5000亿元的限售股减持规模相当于同期沪深两市股票年均融资额的三至四成，减持的"抽血效应"明显。但总体来看，由于减持行为在时间和标的上均较为分散，且减持金额占全市场成交额的比例较低，对市场整体走势的影响有限。

参考文献

［1］巴塞尔银行监管委员会. 稳健的压力测试实践和监管原则, 2009.

［2］巴塞尔银行监管委员会. 统一资本计量和资本标准的国际协议：修订框架[M]. 中国银行业监督管理委员会，译. 北京：中国金融出版社，2004.

［3］巴塞尔银行监管委员会. 巴塞尔协议Ⅲ [M]. 中国银行业监督管理委员会，译. 北京：中国金融出版社，2011.

［4］卞家涛，余珊萍，李弢. 商业银行压力测试的国内外实践[J]. 安徽工业大学学报，2015（1）.

［5］蔡珏. 养老保险基金入市问题探讨[J]. 江西财经大学学报，2003（3）.

［6］陈康，尤超. 股指期货与现货价格影响研究综述[J]. 现代管理科学，2018（4）.

［7］陈阳. 银行自营与理财资金进入资本市场的路径模式与风险控制研究[D]. 2016.

［8］方安媛. 险资入市的风险分析[J]. 经济视野，2017（14）.

［9］方意. 中国银行业系统性风险研究——宏观审慎视角下的三个压力测试[J]. 经济理论与经济管理，2017（2）.

［10］付兵涛. 资本市场波动影响银行的途径与启示[J]. 农村金融研究，2015（7）.

［11］高惠璇. 应用多元统计分析[M]. 北京：北京大学出版社，2005.

[12]高立新. 我国证券投资基金的风险及其管理[D]. 中国社会科学院研究生院，2003.

[13]高远. 银行理财资金入市的产品创新研究[J]. 清华金融评论，2015（6）.

[14]国际货币基金组织. 中国金融体系稳定评估报告[M]. 中国人民银行，译. 北京：中国金融出版社，2012.

[15]韩蓓. HP滤波法及其在地区潜在经济增长率测算中的应用[J]. 经济师，2009（1）.

[16]赫凤杰. A股市场杠杆交易与监管[J]. 财经科学，2015（11）.

[17]黄剑. 压力测试与反向压力测试中银行风险管理中的运用[J]. 商业经济与管理，2012（8）.

[18]黄瑜琴，王朝阳，崔相勋. 管控股指期货的救市政策有效吗？——基于现货市场波动率的视角[J]. 国际金融研究，2018（9）.

[19]金融监管研究院. 终于有人说清楚了：托管人和券商两种结算模式对比[EB/OL]. 2019-02-18.

[20]李栋. 投资银行市场风险管理研究[D]. 天津大学，2004.

[21]李绍光. 从分形市场假说看养老金基金入市[J]. 经济社会体制比较，2002（1）.

[22]李政，梁琪，涂晓枫. 融资交易、杠杆牛市与股市异常波动危机[J]. 统计研究，2016（11）.

[23]李志生，杜爽，林秉旋. 卖空交易与股票价格稳定性——来自中国融资融券市场的自然实验[J]. 金融研究，2015（6）.

[24]林毓铭. 社会保险与商业保险的结合方式及保险资金入市研究[J]. 统计研究，2000（5）.

[25]刘志清. 压力测试的监管理念及在美国的实践[J]. 国际金融，2015（10）.

［26］鲁玉秀. 我国社会养老保险筹资模式问题研究——基于基础养老保险金入市[J]. 河南财政税务高等专科学校学报，2016（1）.

［27］马海霞，高峰，谢太峰. 关于银行信贷资金入市的思考[J]. 北京机械工业学院学报：综合版，2003.

［28］念延辉. 伞形信托资金入市问题探析[J]. 时代金融（下旬），2015（3）.

［29］彭志慧. 压力测试在商业银行信用风险管理中的运用研究[D]. 西南财经大学，2012.

［30］钱智俊，李勇. 宏观因子、投资者行为与中国股债收益相关性——基于动态条件相关系数的实证研究[J]. 国际金融研究，2017（11）.

［31］清华大学国家金融研究院课题组. 完善制度设计，提升市场信心——建设长期健康稳定发展的资本市场[R]. 2015.

［32］邵勉也. 银行压力测试的国际实践、挑战和应对策略[J]. 武汉金融，2017（3）.

［33］史锦华，贾香萍. 保险资金入市的效应分析及其风险管理[J]. 金融理论与实践，2006（1）.

［34］孙海波. 资管新规过渡期大限将至！这类产品或停摆？ [EB/OL]. 2019-12-04.

［35］孙维仁，刘晓鑫，金博，叶骏骅. 系统性风险评估方法的国际经验借鉴及启示[J]. 吉林金融研究，2017（7）.

［36］王冬. 商业银行市场风险压力测试研究[J]. 上海金融，2011（1）.

［37］王健俊，殷林森，叶文婧. 投资者情绪、杠杆资金与股票价格——兼论2015—2016年股灾成因[J]. 金融经济学研究，2017（1）.

［38］王立元，郑奕. 关于人寿保险资金进入我国资本市场的思考[J]. 山东金融，1998（5）.

[39]王丽娟. 从资管新规看商业银行理财业务的未来[J]. 中国银行业，2018（1）.

[40]王占祥，刘俊. 6大差异盘点：公募基金券商交易模式和直接进场交易模式[EB/OL]. 2019-04-23.

[41]谢太峰，王硕，苏磊. 我国股指期货加大了现货市场的波动性吗？——基于ARMA-GARCH模型的实证检验[J]. 金融理论与实践，2017（8）.

[42]徐步. 股指期货投机者与股票市场波动率——来自沪深300指数期货的经验证据[J]. 经济经纬，2018（3）.

[43]徐明东，刘晓星. 金融系统稳定性评估：基于宏观测试方法的国际比较[J]. 国际金融研究，2018（2）.

[44]徐滢燕. 我国开放式基金市场风险管理研究[D]. 东华大学，2005.

[45]徐悦婷. 资管新规下券商资管业务发展策略研究[D]. 2019.

[46]杨宁. 基于HP滤波平滑参数的中国经济潜在增长率研究[J]. 西部金融，2019（3）.

[47]杨文生，赵杨. 商业银行压力测试的国内外研究现状及其评述[J]. 上海商学院学报，2011（1）.

[48]杨宇焰. 美国银行业SCAP压力测试项目评析[J]. 西南金融，2009（11）.

[49]宜昌能. 美欧日银行业的压力测试[J]. 中国金融，2012（7）.

[50]殷俊，刘爽. 银行宏观审慎监管框架下的压力测试应用研究[J]. 财经理论与实践，2011（11）.

[51]袁超，张兵，汪慧建. 债券市场与股票市场的动态相关性研究[J]. 金融研究，2018（1）.

[52]袁芳英. 银行体系稳定性的宏观压力测试研究[D]. 上海社会科学院，2010.

[53]张立华. 宏观审慎压力测试的全球成效[J]. 中国金融，2016（7）.

[54]张连城，韩蓓. 中国潜在经济增长率分析——HP 滤波平滑参数的
选择及应用[J]. 经济与管理研究，2009（3）.

[55]赵锋. 从资管新规看银行理财消费者权益保护[J]. 中国信用卡，2018
（11）.

[56]焦娜. 证券公司风险控制指标体系完善研究[J]. 当代会计. 2019（9）.

[57]王乔君. 证券公司压力测试的理论与实践应用[J]. 中国证券期货，
2013（8）.

[58]中国人民银行编写组. 金融稳定压力测试参考手册[M]. 北京：中国
金融出版社，2015.

[59]中国人民银行编写组. 压力测试理论与实践[M]. 北京：中国金融出
版社，2015.

[60]中国人民银行金融稳定分析小组. 中国金融稳定报告2018[M]. 北
京：中国金融出版社，2018.

[61]钱康宁，陆媛媛，罗彦洋. 杠杆融资问题研究[R]. 创新与发展：中
国证券业2015年论文集，2015.

[62]中国金融研究院. 杠杆交易对股市的影响分析[R]. 资本市场前沿，
2016（3）.

[63]周凤. 我国商业银行流动性风险压力测试实证研究[D]. 福州大学，
2017.

[64]周亮. GARCH 族模型在期货跨期套利中的比较研究[J]. 金融理论与
实践，2018（1）.

[65]周艳利. 美国CCAR 压力测试实践及对我国证券行业的启示[J]. 金
融理论与实践，2019（5）.

[66]周毅钦，孙海波. 资管新规一周年：大家都忙了些啥？[EB/OL].
2019-04-25.

[67]周振宇. 银行资金入市相关问题分析[J]. 经济学家，2001（5）.

[68]左月华，章茜，李东霞. 中国股指期、现货市场极端风险溢出效应分析——基于高频MVMQ-CAViaR 模型的实证研究[J]. 武汉金融，2019（7）.

[69]王绍辉. 国际金融危机大事记：从陷入深渊到曲折复苏[M]. 北京：中国统计出版社，2011.

[70]王绍辉，马遥. 变局中开新局：全球视野下的机遇与经济高质量发展[M]. 北京：当代中国出版社，2021.

[71]王绍辉，马遥，刘鉴，毛婧宁，池鸣. 流动性与股票市场[M]. 北京：机械工业出版社，2023.

[72]A. H. 施图德蒙德. 应用计量经济学[M]. 北京：机械工业出版社，2011.

[73]Acharya V S，Bharath and A Srinivasan，2007. Does Industry-wide Distress Affect Defaulted Firms？ Evidence from Creditor Recoveries[J]. Journal of Financial Economics，85（3）.

[74]Asgharian H，Christiansen C，Hou A J. Macro-Finance Determinants of the Long-run Stock and Bond Correlation：The DCC-MIDAS Soecification[J]. Journal of Financial Econometrics，2015（25）.

[75]Aslanidis N，Christiansen C. Smooth Transtion Patterns in the Realized Stock- bond Correlation[J]. Journal of Empirical Finance，2012，19（4）.

[76]Bank of Spain，2012. Asset Quality Review and Bottom-up Stress Test Exercise[R]. Oliver Wyman Report for Bank of Spain Stress Testing Exercise，September.

[77]BIS，1996，Amendment to the Capital Accord to Incorporate Market Risks，Basel Committee on Banking Supervision，January.

［78］BIS，2004. Principles for the Management and Supervision of Interest Rate Risk[R]. Basel Committee on Banking Supervision，July.

［79］BIS，2009a. Principles for Sound Stress Testing Practices and Supervision[R]. Basel Committee on Banking Supervision，May.

［80］Boyer B H，Kumagai T，Yuan K Z. How Do Crises Spread？ Evidence from Accessible and Inaccessible Stock Indices[J]. The Journal of Finance，2006，61（2）.

［81］Goyenko R Y，and Ukhov A D，2009. Stock and Bond Market Liquidity[J]. Journal of Financial and Quantitative Analysis，44（1）.

［82］Gusset J，Zimmermann H. Anomaly in Stock—Bond Correlations：The Role of Monetary Policy[J]，2015.